間取りの方程式

THE PRINCIPLE OF PLANNING

心地よい住まいを組み立てる技術

IIZUKA YUTAKA
飯塚 豊

X-Knowledge

はじめに

いま、あなたが暮らしている家の間取りは、どうしてそのような間取りになったのでしょうか？

マンションに暮らす人、建売住宅に暮らす人は、まったく与り知《あずか》らぬところでしょう。設計者と打ち合わせを重ねながら家づくりを進めた、注文住宅に暮らす人ならご存じかもしれません。ただ、どうでしょうか。わが家の間取りが最終的にこうなっている理由を、理路整然と説明できる人は少ないのではないでしょうか。

無理もありません。なにしろ間取りを組み立てる作業というのは、住宅の設計をまかされた設計者が、クライアントの要望に加え、法律・構造・設備・断熱・材料・構法・デザイン・コスト・工期……など、ありとあらゆる要素を勘案したうえでまとめ上げる、きわめて専門的かつ個人的な仕事だからです。膨大な手間と時間をかけて、間取りはようやく一つのかたちに整えられていきます。

それだけに〝頭のよい設計者〟は、間取りを素早く確実に完成させる方法がないものかと思案します。その答えの一つが、〇ＬＤＫでした。マンションや建売住宅の代名詞ともいうべき「○ＬＤＫ方式」は、「○」の中に必要な個室の数を代入すれば、あら不思議、きれいに整った間取りが自動的に出来上がります。ただ、いかんせんこの方法には一つ致命的な弱点がありました。不特定多数の人を対象につくられる○ＬＤＫというフォーマットは、不特定多数が前提となるだけに、特定の誰かを感動させる魅力的な間取りには、到底なり得ないのです。

かつて皆さんは、数学の先生から「答えだけ書いてある答案は、合っていても減点しますよ」と言われた覚えがないでしょうか。数学で大切なのは答えではなく、その問題をどのように解いたかという計算過程のほうでした。同様に、間取りの出来を左右する要素も、実はこの計算過程にあります。なぜこのような間取りにするのかという「その物件ならではの解決策」が検討されていなければ、空間としての魅力も、新しい暮らしに対する期待感も、その間取りからはまったく伝わってきません。間取りは、与条件をどのように解いたかという個別のストーリーがあってはじめて魅力的になるのです。

間取りを「正解」に導く方程式

もちろん、「魅力的な間取り」に唯一無二の正解などありません。間取りは人の数だけ正解があるともいえるでしょう。けれど、間取りの一つひとつを魅力的な方向に導いていくうえでの最適な手順、その過程で守るべき作法のようなものはたくさんあります。

長年、建築設計の世界で揉まれ、磨かれ、受け継がれてきた、定番・定石と呼ばれる方法論の数々です。それらの方法論、いうなれば間取りという問題を解決に導く「方程式」を駆使しながら、ベテランの設計者たちは日々、目の前の案件と格闘しています。そんな住宅の設計、間取りの組み立てに欠かせない方程式——これらをおおよその設計手順に沿って示したものが、本書『間取りの方程式』です。

この本に書かれているとおりに設計を進めていけば必ず良い家ができる、といえるほど万能な「公式」ではありません。ただ少なくとも、退屈な家、退屈な間取りにしないためのカンドコロだけはしっかり押さえたつもりです。もしあなたが、いま設計中の住宅で袋小路に迷い込んでいる若き設計者なら、定番・定石と呼ばれる方程式どおりのやり方をあらためておさらいしてみるのも悪くないでしょう。

また、定番や定石とは別に、私の趣味嗜好が強く反映された個性的な公式もいくつか挙げています。いずれも、〇ＬＤＫの鋳型にはめ込む答えだけの間取りとは一線を画すために、私が普段から使っているオリジナルの手法です。少々個性的に過ぎるかもしれませんが、何かの参考になればと思い、これらもラインアップに加えました。

「解き方」が分かれば、間取りの良し悪しも見えてくる

おそらく、間取りというものを一度も意識せずに生きていける人はまずいません。

「自分は一生賃貸派」という人も、Aの間取りとBの間取り、どちらの部屋に引っ越そうかと悩んだ経験はこれまでに何度かあったでしょう。そんなとき、「部屋の数が多いのはどちらか?」というような〝上《うわ》っ面《つら》の情報〟に惑わされては住まいの本質を見誤ります。それよりも、「この間取りをつくった人は、どうしてこのような間取りにしたのだろうか?」という、設計者と同じ目線で間取りと対峙してみることです。

目の前の間取り図が出来上がるまでの背景を、設計者の思考をたどりながら想像していけば、一見、住みやすそうに感じられる間取りも、実は快適な住まいに不可欠な要素がすっぽり抜け落ちている——なんてことに気づくかもしれません。反対に、いたって普通に見える間取りのなかに、毎日の生活を愉しくしてくれる、心を穏やかにしてくれる仕掛けが隠されているのを発見するかもしれません。「問題の解き方」を少しでも知っていれば、間取りを見る目は根本から変わってくるはずです。

本書は主に、建築を学ぶ学生や、これから木造住宅の設計を勉強しようと意気込んでいる若き設計者に向けた住宅設計の技術論です。ただそういう意味では、これからわが家を建てようとしている一般の人、新しい部屋に引っ越そうとしている人のための手引書にもなるかもしれません。本書をお読みいただき、わが家の間取りが「どうしてそのような間取りになったのか」を考えてみるのも面白いものです。問題の解き方さえ分かっていれば、あなたなりの視点で深い洞察ができるはずです。

間取りの方程式

心地よい住まいを組み立てる技術

CONTENTS

STEP

2 礼儀作法を身につけよう

STEP 3

間と間のあいだを操ろう

STEP 4

高さのリズムを奏でよう

実際の間取り

間取りの模範解答

本書図面内の略号は以下のとおりです。

E	玄関（Entrance）
L	リビング（Living）
D	ダイニング（Dining）
K	キッチン（Kitchen）
R	冷蔵庫（Refrigerator）
W	洗濯機（Washing machine）
DR	洗面脱衣室（Dressing room）
BTH	浴室（Bathroom）
WC	トイレ（Water closet）
MBR	主寝室（Master bedroom）
BR	寝室（Bedroom）
CL	クローゼット（Closet）

［イラスト］

鴨井猛・岨野千代子

［装丁］

寄藤文平・杉山健太郎（文平銀座）

STEP 1

四角形から始めよう

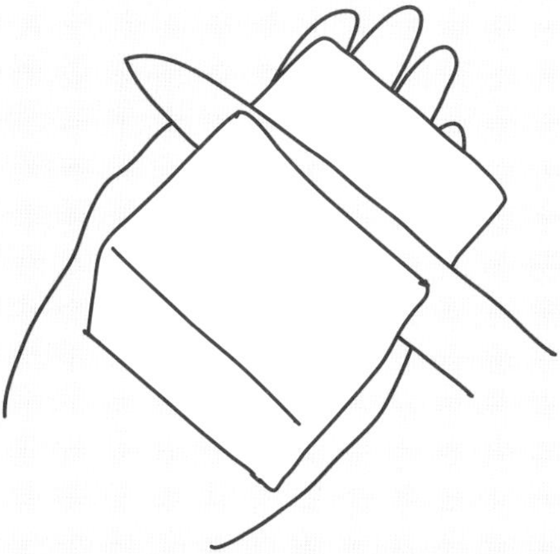

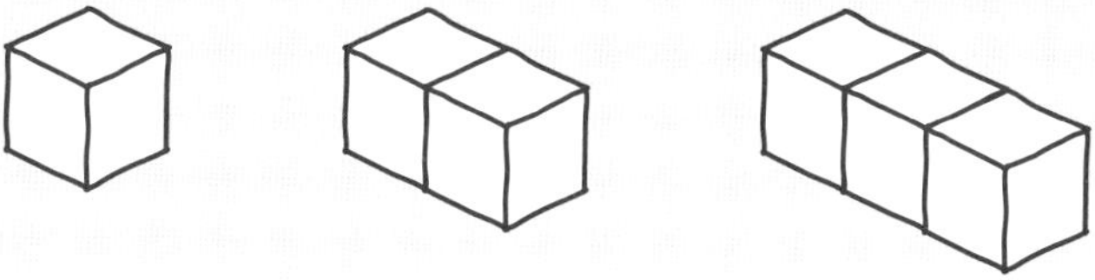

良い間取りは、
良いかたちの建物から生まれます。
良いかたちの建物は、
かならず四角形から生まれます。
仏師が一本の木から仏像を
彫り出すように、
なんの変哲もない四角形から
良いかたちの建物を切り出す作業が、
良い間取りに通じる近道といえます。
四角形 → 建物 → 間取り。
「いきなり間取りから始めないこと」。
プロとアマを隔てる間取りづくりの
極意です。

敷地

ナマが無理なら、火を通せばいい。

世の中には、「素敵な間取り」と銘打たれた本がたくさん出版されています。たくさん出版されるということは、素敵な間取りがたくさんあるということです。いったい、どれくらいあるのでしょうか。答えは「無数にある」。なにしろ間取りの良し悪しは、二つとして同じものがない「敷地と建物との関係」で決まってくるからです。

大切なのは、あくまで敷地と建物の関係です。ですから、敷地の条件が少しくらい悪くても気にすることはありません。敷地の個性に合わせて建物の設計を工夫できれば、好条件の敷地に勝るとも劣らない素敵な間取りを実現できます。魚だって野菜だって、少しばかり鮮度が落ちても火を通せばそれなりに美味しくいただけるのは皆さんご存じのとおり。間取りづくりの第一歩は、敷地の旨味を引き出すところから始まるのです。

良い敷地、いまいちな敷地

整形、広い、平坦、
静か、眺望が良い、
緑豊か、風が抜ける、
日当たりが良い、
道路が広い、駅近、
交通量が少ない

良い敷地 ＝ パーフェクトはあり得ないと心得る

周囲に建物が少なく、平坦で面積も広い敷地なら言うことありません。ただ、そんな上玉は都市部では皆無、田舎でも場所によりけりです。ゆえに、パーフェクトを求めるのは禁物。少しでもキラリと光る部分があれば、十分良い「素材」だと思うことです。

不整形、狭い、斜面地、
崖地、住宅密集地、高低差、
日当たりが悪い、ジメジメ
騒音、交通量が多い、
車両のアクセスが悪い、
駅から遠い、治安が悪い、
送電線が近い、法規制が厳しい

いまいちな敷地 ＝ ネガポジ反転の発想で

面積が狭い、変形している、高低差がある、周りを建物が取り囲んでいるなど、いまいちな敷地はそこらじゅうにあります。一見問題なさそうでも売買価格の安い敷地は、たいてい部分的に「傷んでいる」ものです（あとで気づくことが多い）。でも、あきらめるのはまだ早い。建物のほうを適切に「調理」してあげられれば、たいていのデメリットは気にならなくなります。

良い敷地は、なるべくそのまま味わう

敷地の個性と建物や間取りの関係には、ある種の「正解」があります。好条件の敷地なら、その良さをそのまま味わえるような間取りが正解。せっかく良い敷地でも、規格化された無味乾燥な建物を置いた瞬間、その良さは台なしになります。

広い ＝ 平屋、分棟

敷地が広くなければ実現できない建物の代表格が「平屋」です。階段が不要で移動もラクな平屋の間取りは、住んでみるとその良さをしみじみと実感できます。建物を母《おも》屋《や》と離れの２つに分ける「分棟」も、広い敷地ならではのかたちです。

自然環境が良い ＝ 一体化

周囲の自然環境が良ければ、その良さを家の中まで取り込むかたちを考えます。大きく開くサッシの外側に、広い縁側やデッキテラスを設けるのもその一例。いわゆる「古民家」も、住まいと自然を一体化させた間取りになっています。

眺望が良い ＞ 方位（日当たり）

高台の斜面地などは、特定の方向の眺望が抜群に良くなります。このような敷地は、日当たりよりも眺望を優先して間取りを考えましょう。日当たりの悪さは工夫次第で改善できますが、眺望の良さは人工的につくり出せません。

日当たりが良い ＝ パッシブソーラー

間取りとは関係ありませんが、日当たりが良い敷地は太陽熱を給湯や暖房に利用できる「パッシブソーラー」の住宅に適しています。逆に言えば、パッシブソーラーの住宅を希望するなら、日当たりの良い敷地が絶対条件になります。

いまいちな敷地は、調理の腕で克服

一般的には敬遠されるいまいちな敷地も、建物の形状や間取りを工夫してやれば、敷地と建物の間に良好な関係を生み出せます。

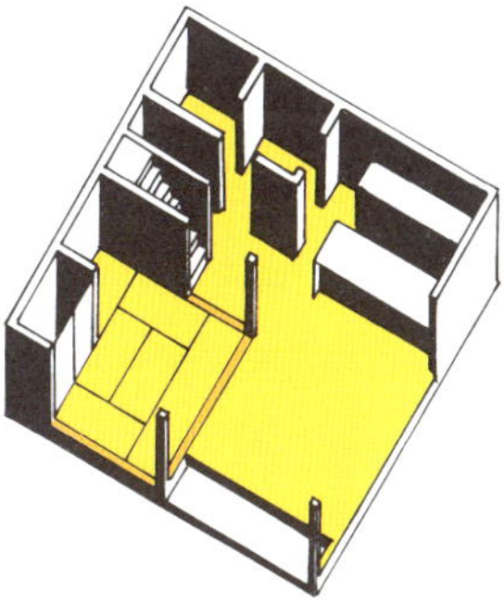

狭い ＝ 間仕切りを減らす

40坪以下の敷地なら、部屋を細かく仕切らず、なるべくオープンな間取りでまとめるとよいでしょう。これは、日本古来の間取りにも通じる発想といえます。

高低差がある ＝ 深基礎・スキップフロア

ちょっとした段差（1mほど）がある敷地は、擁壁《ようへき》をつくるとコストに大きく響きます。この場合は、「深基礎《ふかぎそ》」をつくって対応するのがベター。そのうえで、敷地の高低差に合わせたスキップフロアを設けたりすると、想像以上に愉しい住まいが出来上がります。

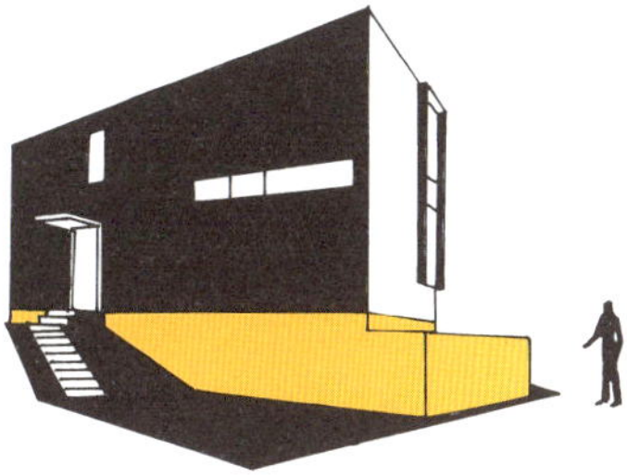

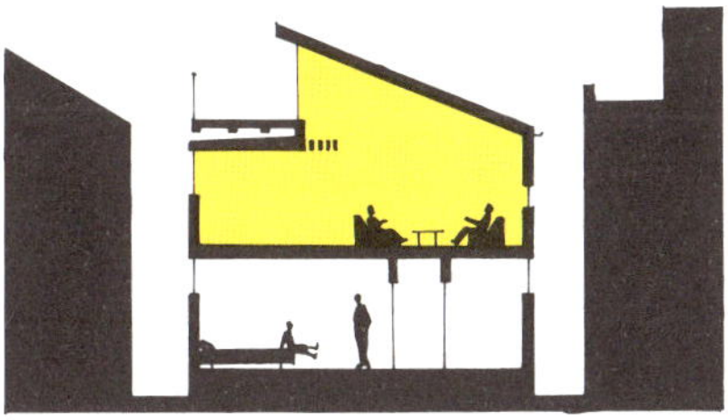

狭い ＋ 日当たりが悪い ＝ 2階リビング

「敷地が狭いうえに日当たりも悪い」。市街地の敷地に共通する悩みは、多くの場合リビングを2階に上げると解決します。ハイサイドライトなどを設けて明るい住まいに。

設計者の魂に火をつける敷地

不整形 ＝ その個性をデザインに生かす

不整形な敷地に建てる家は、ハウスメーカーに依頼するとあまり良い顔をされませんが、設計事務所に依頼するとガゼン目を輝かせてきます。設計者の力量がダイレクトに反映される敷地だけに、実力のある人ならいくつものアイデアが湧いてきます。基本的には、不整形な形状に合わせて建物を変形させるか、不整形のなかに整形な建物を置き、周囲を緑のスペースとしてデザインしていくかのどちらかです。

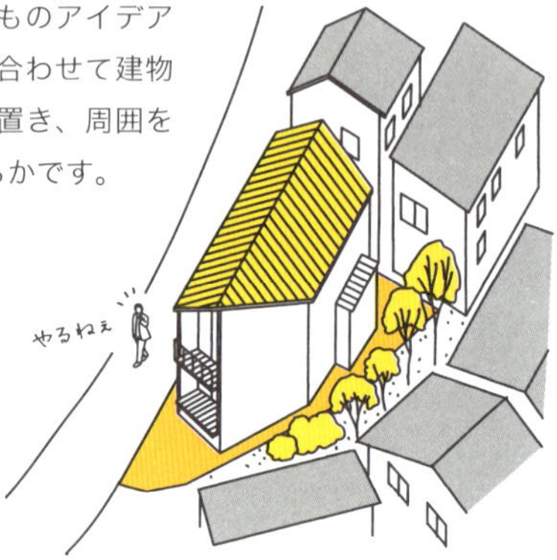

まるで良いところなし → 借景先を探る

「良いところがどこにもない」。そんな敷地でも、隣家や道路側とのちょっとした隙間から借景が望めるはずです。借景を利用して室内外が連続する空間をつくり出せれば、狭い家でも広がりを感じられます。借景すら無理だというなら、上空を見上げてみましょう。隣家の屋根越しに見える空の青は、どんな敷地にも分け隔てなく与えられています。

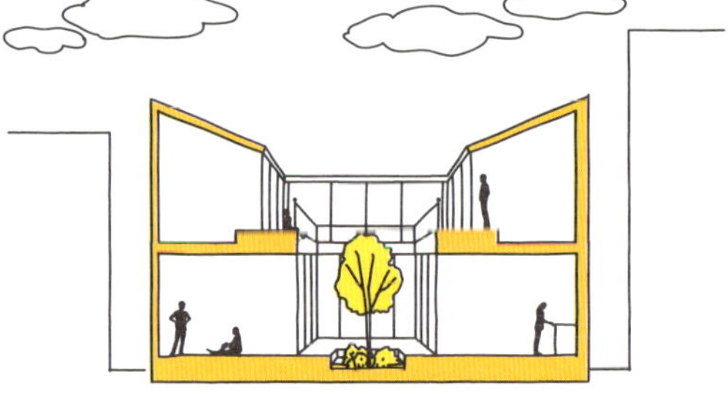

自分で「景色」をつくり出す
という発想も有効です

煮ても焼いても食えないアクの強い敷地

地盤が悪い ＝ 改良費が高額

敷地の形状が良くても、地盤の状態が悪ければ話は振り出しに戻ります。というよりマイナスからのスタートに……。地盤改良の費用はケースバイケースですが、最低でも60万～100万円は覚悟しておかなければなりません。運が悪ければ、もっと高額になることも。

擁壁が古い 車庫が半地下 ＝ 購入前なら見送りたい

「高さ２mを超える古い擁壁がある」「車庫が半地下にある」、そんな敷地には要注意です。擁壁や車庫の再築造に数百万円の費用がかかります。建物や間取りに大きなしわ寄せがきます。

再建築不可 → スケルトンリフォームを

法律上、建物の敷地は道路に２m以上接していなければなりません。けれど、古い住宅地ではこれが守られていないケースがしばしば。その手の“法律違反の敷地”は、「再建築不可」という状態です。新築はもちろん、既存の住宅の建替えもできません。こんなとき使える手が「スケルトンリフォーム」です。建物の骨組みだけ残し、あとは丸ごとリフォームする方法です。腕の立つ設計者なら、新築以上に魅力的な住まいを提案できます。

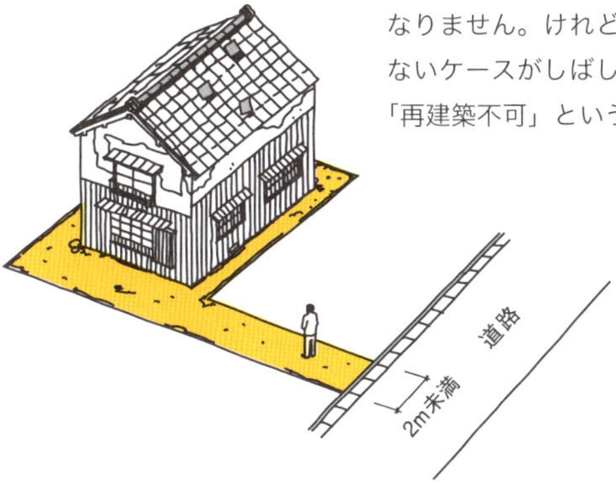

＝ 間取りの成否は、「敷地を読む」段階から始まっています

要望

うまい・まずいは、抽出次第。

敷地の個性と同等か、それ以上の影響力で間取りの行方を左右するのが家族からの要望です。その家に住む人たちの意向を抜きに、間取りの検討は進められません。彼らの口から語られる夢や希望を、スムーズにスマートにさばいていくのが設計の最初の山場といえるでしょう。このとき押さえておきたいポイントを一つ。「要望は、本当に叶えるべきものをよくよく見きわめること」。

家づくりは一生に一度の大事業です。クライアントが、あれもこれもと要望を出したくなる気持ちはよく分かります。ただ、それらを一度、設計者の手できれいに濾過《ろか》してあげないと、「本当はどうしたいのか」は見えてきません。

コーヒーの味が抽出のやり方次第でうまくもまずくもなるように、家族からの要望もポイントをどのように抽出するかで、理想の家が近づいたり遠のいたりするのです。

大切だけど、要望から漏れがちなこと

駐車の仕方、クルマの車種

縦列駐車は絶対にイヤという奥様がいらっしゃると、駐車場の取り方が変わります。クルマの最小回転半径も駐車場の位置やサイズに影響します。将来もっと大きなクルマに乗り換えるつもりなら、計画段階から考慮しておかないと。

屋根の形状

屋根の形は好き嫌いがはっきり分かれます。太陽光発電を導入するか否かも形状にかかわります。事前の確認が不可欠です。

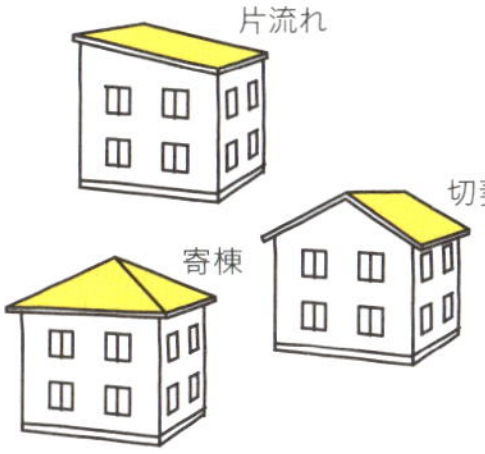

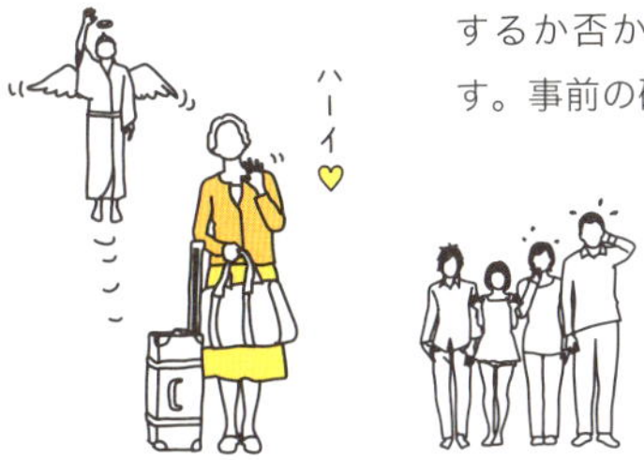

将来の居住者数

いまは別居している故郷の両親。将来、そのどちらかが亡くなれば同居する可能性があります。部屋の数、部屋の場所……どうしましょうか?

建築費以外のコスト

新しい家具、カーテン、家電などの購入費用を予算に入れ忘れる人が少なくありません。不動産会社や金融機関へ支払う手数料、火災保険料などもかなりの高額です。予算配分を誤ったことで、建物がひと回り小さくなったケースが過去にありました。

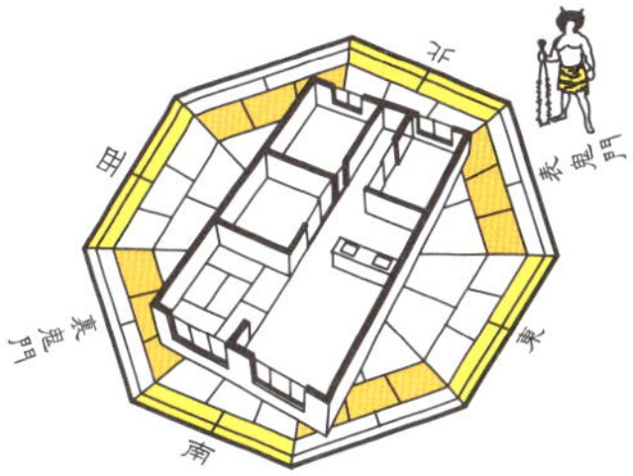

家相へのこだわり

家相へのこだわりが強い人は、それまで順調に出来ていた間取りを突然ひっくり返すおそれがあります。事前にこだわりの度合いを確認しておきましょう。

衣類・靴の量は「長さ」「体積」に変換

新居に持ち込まれるモノのうち、衣類・靴・本はタンスや本棚などに納めるより、専用のスペース（ウォークインクローゼットや造付けの棚）に納めたほうがデッドスペースの削減に寄与します。ただし、そのスペースを「いまの収納場所の床面積」と同じにするのは間違いの元。衣類・靴・本は、長さと体積に換算するとうまく納まります。

標準的な洋服

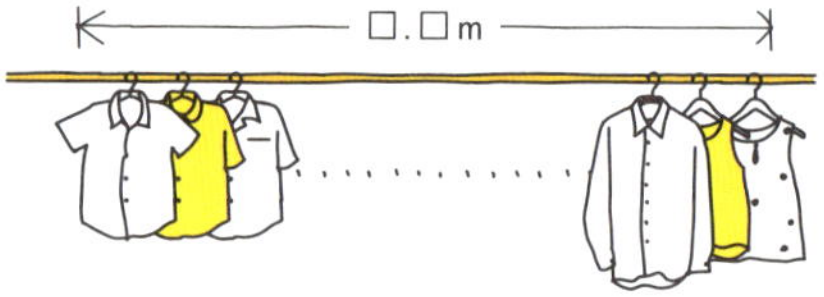

丈の長い洋服

衣類は「標準」「長いもの」「箱物」に

ハンガーにかける洋服は長さに、箱や衣装ケースにしまう衣類は体積に換算します。靴は普通の靴と、ブーツや長靴といった長い靴に分けるとよいでしょう。

箱物、衣装ケース

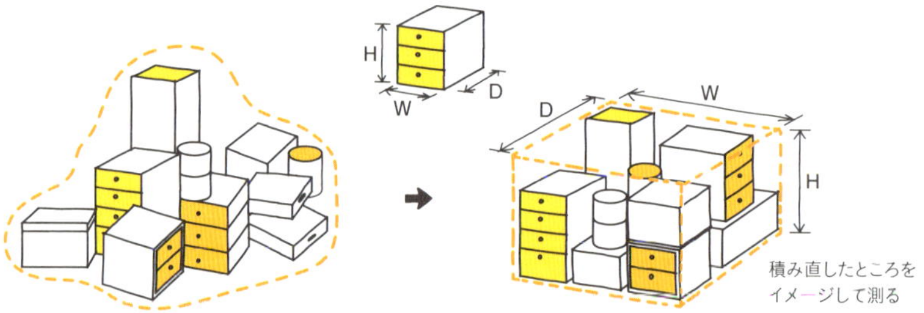

普通の靴

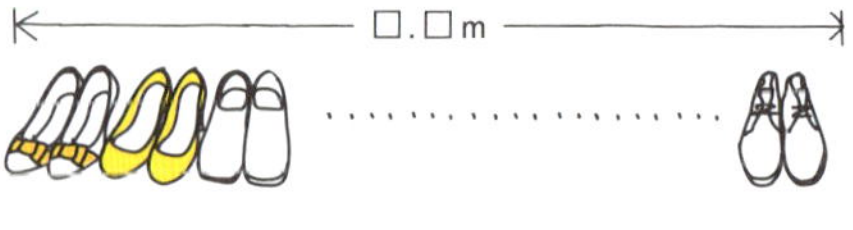

ブーツや長靴

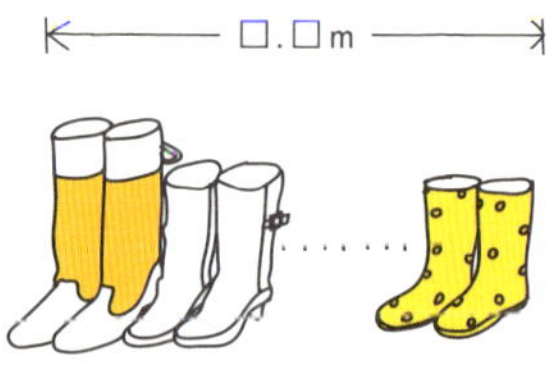

本の量は「長さ」に変換

本や雑誌などは長さに換算します。高さ別に４つのグループに分類。

高さ230㎜未満

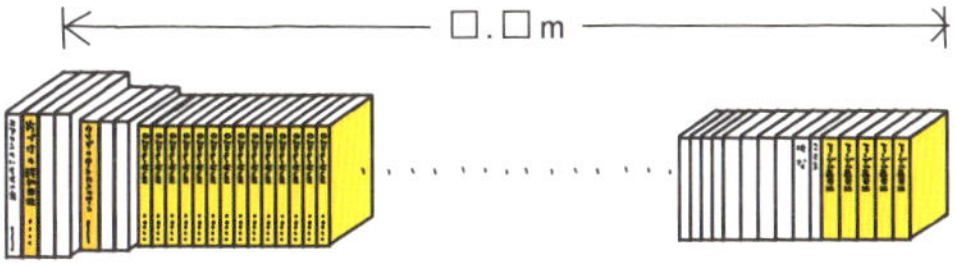

文庫、新書、コミック、四六判（小説などの書籍に多いサイズ）、A5判（この本はA5判です）など。

高さ230～315㎜

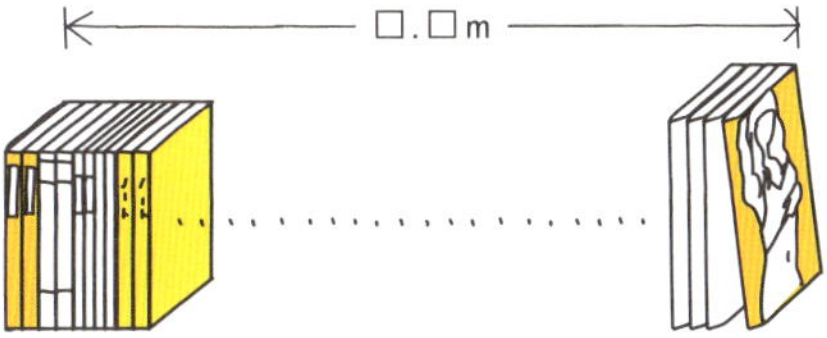

B5判のノートや雑誌（「週刊文春」など）、A4判の雑誌（「an・an」など）はこのグループ。

高さ315～400㎜

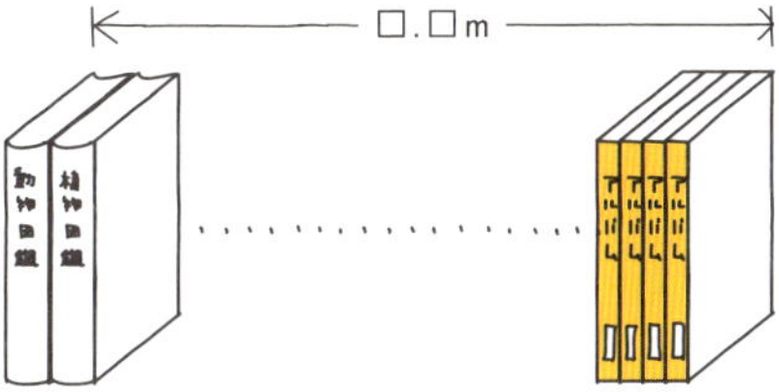

B4判のファイルやアルバムはこのグループ。

高さ400㎜以上

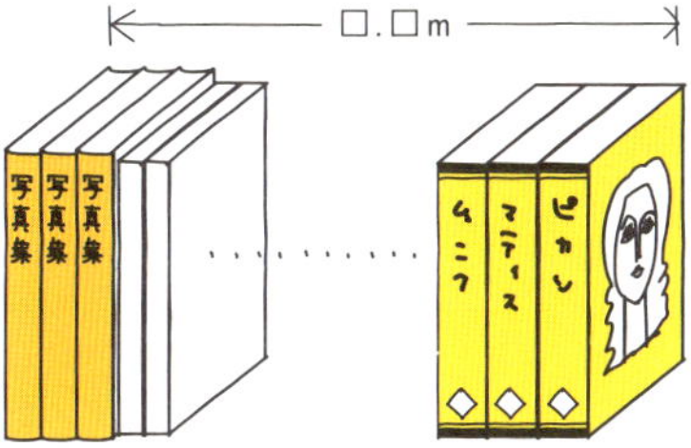

A3判の大型本や大きな画集など。数はあまり多くないでしょう。

デッドラインを決めておく

衣類や本は月日とともに増えていきますが、収納スペースは現状の物量を基準に割り出します。将来の増加を見越してあらかじめ大きめにつくるのは構いませんが、「これ以上増えたら処分する」というデッドラインは決めておきましょう。豊富な収納量をいいことに、モノが無制限に溜まっていくのだけは避けたいものです。

部屋単位の分類で、本当の要望を浮き彫りに

クライアントから山のように出てくる要望は、最終的に部屋単位で整理していくと見通しがよくなります。部屋別に分類することで、家族が望んでいる新居全体のイメージや将来のライフスタイル像に一本筋が通ってくるのです。これがのちのち、設計の方向性を決める太い柱になります。

①部屋の「内部」を整理する

部屋単位の整理は、「部屋の内部」「部屋の位置」「部屋のつながり」の３つを軸に行います。まずは「部屋の内部」。キッチンであれば広さ、収納量、仕上げの材料、毎日の使用頻度などが部屋の個性を決めていきます。

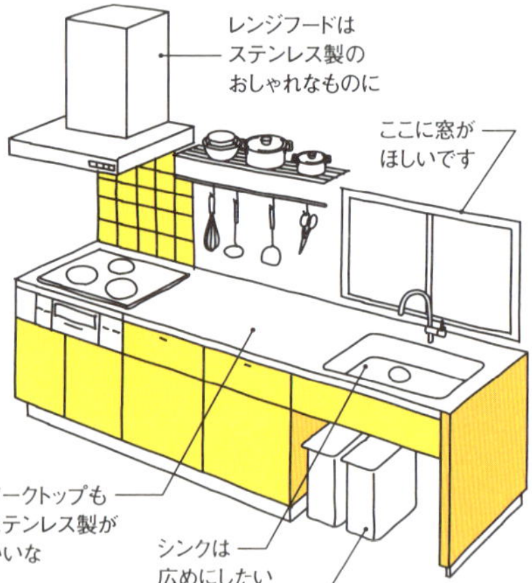

奥様からの要望（例）

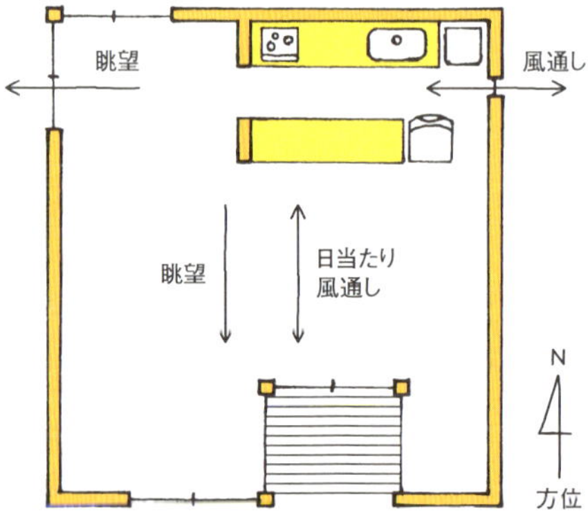

②部屋の「位置」を整理する

その部屋を「どこに設けたいか」も重要です。日当たり、眺望、風通しなど、部屋ごとに何を重視するかを確認していきます。配管のルートや道路からのアクセスなど、部屋の位置は設計上のシビアな問題もかかわります。

つなげ方は参考程度に

部屋と部屋のつなげ方は間取りの根幹をなす重要な要素です。ただし、ここにクライアントの要望をそのまま反映させると、得てしていびつな間取りになりがちです。つなげ方の要望は参考程度に留めておきましょう。大事なのは、「何を重視しているか」を読み取ることです。

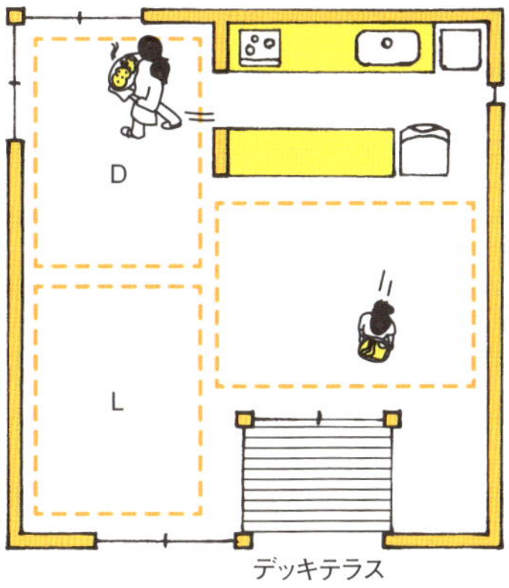

③部屋の「つながり」を整理する

たとえばキッチンなら、ダイニング、リビングとの位置関係、庭との距離感が大切になります。家事動線を考えれば、脱衣室（洗濯機置き場）との関係も重要です。つながりの要望を聞いて、クライアントが重視している事柄をつかんでいきます。

スクラップブックで「本音」を露わに

要望の聴き取りは、具体的な床面積や寸法よりも、「新居で実現したいイメージ」を聴くほうが有意義な結果を得られます。このとき有効なのが、クライアントに依頼する「新居のイメージをまとめたスクラップブックづくり」。写真やイラストを使って、自分の手でスクラップブックをつくってもらうと、それまでクライアント自身も気づかなかった「本当の要望」が露わになることもあります。

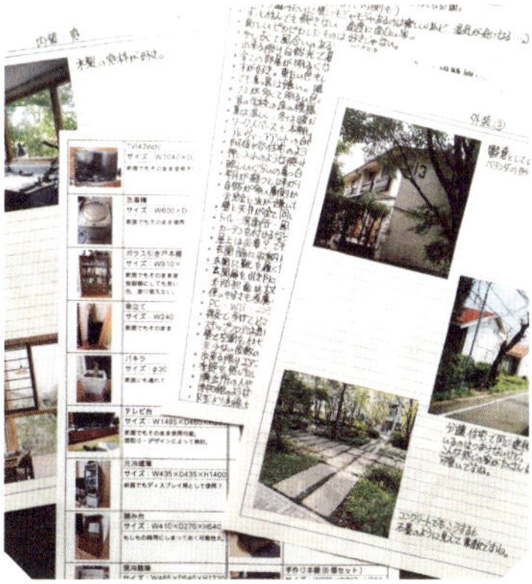

＝ 「変換」「整理」で要望を使えるかたちに

資料

モノマネ上手で、アドバンテージ獲得。

その敷地の魅力を見出し、家族からの要望を整理できたなら、あとは具体的な間取りを考えていくだけ……ではありません。その前に必ず、モノマネの時間を設けてください。そう、モノマネです。たとえば、30坪の敷地に2階建ての住宅を設計するのであれば、過去に似たような条件でどんな住宅が建てられていたかを調べ、そのなかからお気に入りの図面をマネして描いてみるのです。図面のモノマネは、敷地に対する標準的な部屋のサイズや数量、諸室の関係性を把握するよい訓練になります。同時に、過去の秀逸な間取りがあなたの脳内にライブラリ化され、参照可能な引出しが増え、設計上の大きなアドバンテージを得られます。いいことずくめ。

ものづくりに真摯な人ほど、過去の事例に敬意を払い、盗めるところは盗みながら個性を磨くものです。

モノマネはオリジナリティの母

モノマネに使用する「似たような事例」は、
大きく４つのテーマで集めていきます。

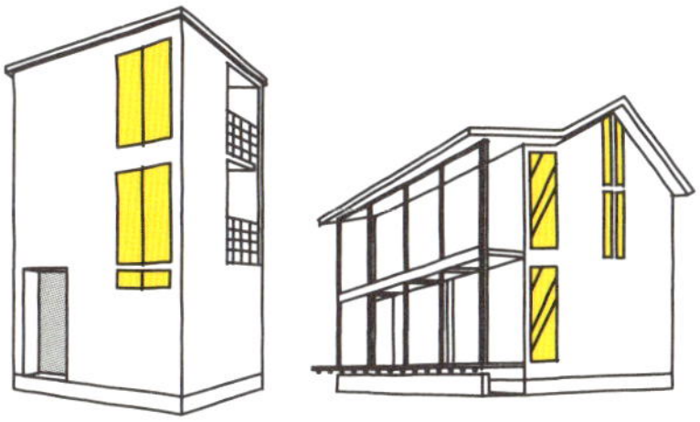

似たような「規模・機能」

床面積、階数、用途地域、建ぺい率などが似ているもの。店舗併用住宅を建てるのなら、そういう機能をもつ住宅を探します。

似たような「敷地」

敷地面積、平面形状、高低差、方位、接道状況などが似ているもの。

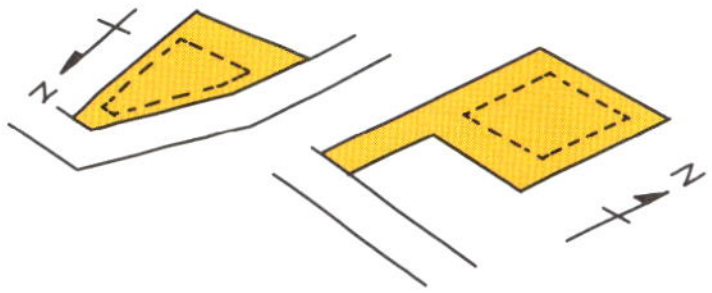

マネしてみたい「名作住宅」

「都市型の住宅」「郊外の住宅」など、テーマが似ていてマネしたいと思わせるもの。単純に「好きな建築家の作品」から当たっていくのもよいでしょう。

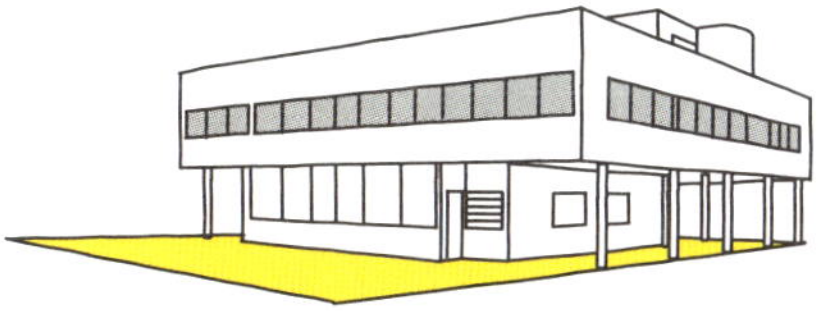

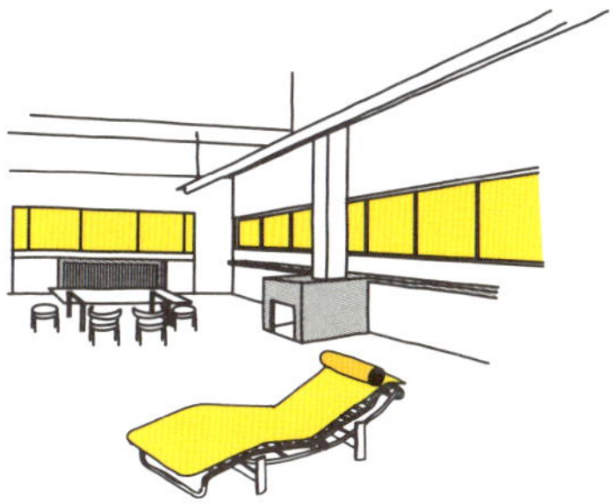

マネしてみたい「間取り」

ＬＤＫそれぞれの位置関係や、建物と庭の位置関係など。マネしたいと思わせる要素がある住宅を集めます。

学生なら「資料集成」が欠かせない

目星をつけた事例は、必ず正確な図面まで揃えてください。事例自体はインターネットで検索しても見つかりますが、正確な図面までは揃わないのが実状です。本当に役立つ図面は、書籍や雑誌のページをめくらない限り手に入りません。建築を勉強中の学生なら、「建築設計資料集成」が必見の資料といえます。

集めた図面はコピー機ですべて1:100スケールに統一しておくと、あとで比較がしやすくなります

ハウスメーカーは「正解」の一つ

モノマネの対象として必ず集めたいのがハウスメーカーの標準図面です。同程度の床面積における標準的な部屋数、収納量、最近の間取りのトレンドなどを把握するのに、ハウスメーカーの図面ほどお誂《あつら》え向きなものはありません。

2階

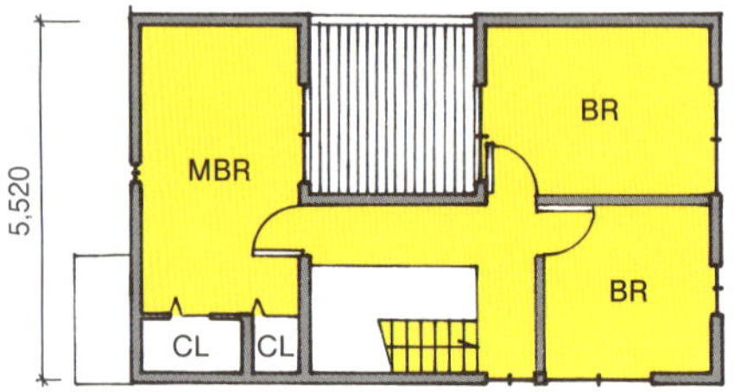

クライアントの与条件、要望が以下の内容だとすると…

（土地）神奈川県の新興住宅地、敷地の北側に道路、間口7m、敷地面積30坪
（要望）間口3間《けん》（5,460mm）×奥行き5間（9,100mm）程度の2階建て

1階

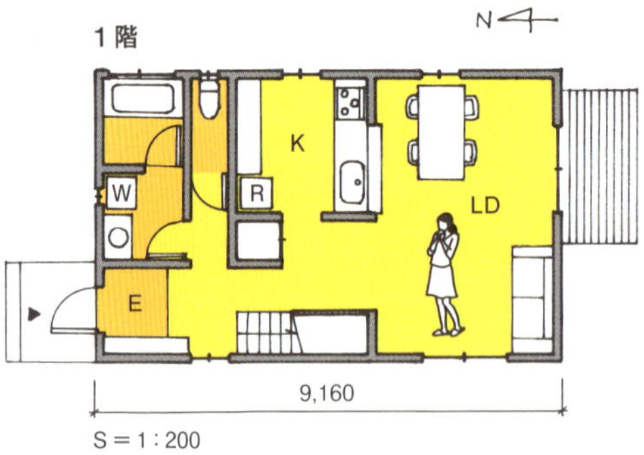

ハウスメーカーの間取りを見て分かること

まず、間口3間×奥行き5間程度の2階建てなら、3LDKが無理なく実現できると分かります。ただし、駐車場を道路と接する北側に置かざるを得ないので、南側には広めの庭を確保できません。密集市街地では1階の日当たりが悪くなりそうです。その場合は、2階のテラスの西側に窓を取って、階段経由で1階に光を落とすといいかもしれません

いまの家の不満も分析しておく

似たような事例を比較検討する際は、現在クライアントが住んでいる家も「基準」の一つとして取り扱います。いまの家の図面を見れば、現状への不満を建築的に分析できます。新居に対する要望は、現状への不満の裏返しであることもしばしば。要望整理の一助としても、「いまの図面」は欠かせません。

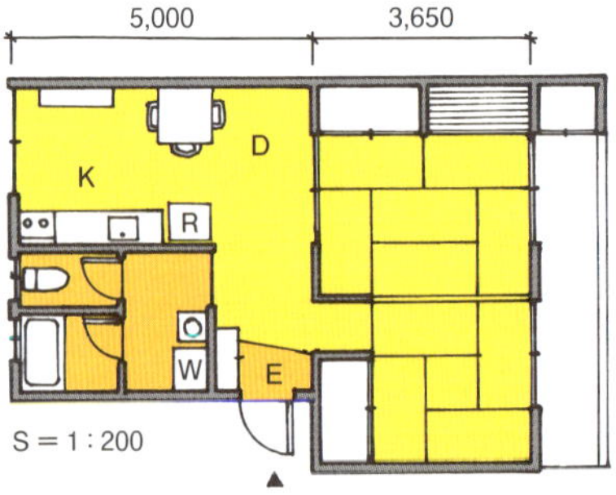

不満を建築的に分析！

現在住んでいるのは、鉄筋コンクリート造の社宅です。夫婦と子供1人（4歳）。床面積は49㎡。一見して収納スペースの不足に気づきます。もう1人子供が増えれば動線分けにも苦労するでしょう。トイレへのアクセスが脱衣室経由なのも不満な点に違いありません

相手が大御所でも平気でマネする

建築史上「名作」と誉れ高い住宅の事例は、部屋の構成方法や空間のつくり方など、ハウスメーカーの間取りとは何から何まで異なります。ここから得られるインスピレーションはとても大切。海外の事例もよいですが、気候風土が同じ国内の事例のほうがより参考になるでしょう。

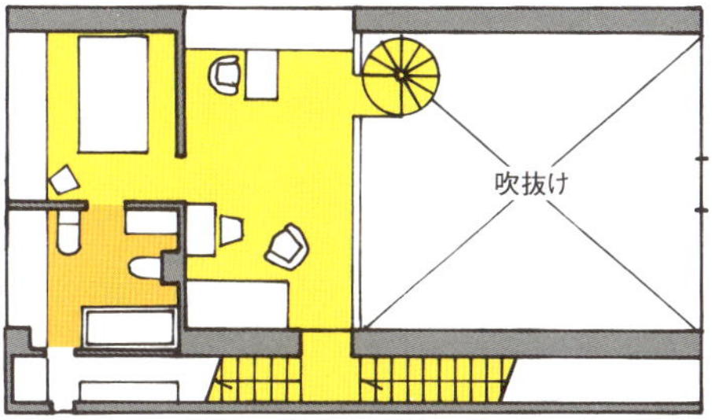

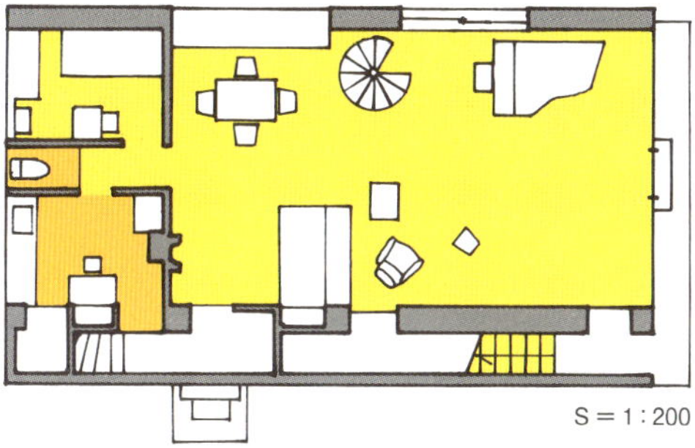

S＝1：200

ル・コルビュジエの「シトロアン型住宅」

実際に右ページのクライアントの要望を整理しながら、「都市型のシンプルな間取り」という切り口を思いついた私（飯塚）が真っ先に思い浮かべたのが「シトロアン型住宅」でした。大きな吹抜けで空間を一体化する手法が参考になりそうです。ただ、同じスケールで並べてみると、吹抜けがやや大きすぎますね。木造でこのサイズの吹抜けを実現するのはちょっと無理がありそうです。

＝ 経験を積めば、過去の自分の仕事が最高の類似事例になります。それまでは先達の事例を丁寧にマネしましょう

規模

いちばん大きな豆腐を一丁！

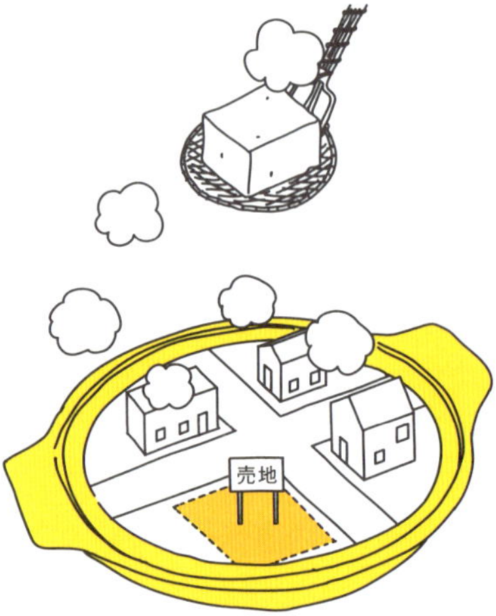

もしあなたが、「良い間取り」をつくりたいと願うのであれば、決して間取りから考え始めてはなりません。まずは建物の形を決め、そのうえで間取りの検討に取りかかることをおすすめします。最初に間取りを固め、間取りに合わせて屋根や壁をつけ足すようなやり方は、バランスの悪い建物を生み出す原因になるだけです。

「良い建物」と「良い間取り」をバランスよく両立させる秘訣は、建物の形をシンプルな四角形から始めることです。豆腐のような四角四面であればあるほど、間取りは建物形状の特殊性から解放され、自由度が上がります。

では、シンプルな豆腐のつくり方をお教えしましょう。まず、「その敷地で可能となる、最も大きな豆腐のサイズ」を割り出してください。最初に行うこの作業を〝建物のボリューム出し〟といいます。

豆腐のサイズを左右する3つの公式

①法律 —— 掛け算で求める

建物のボリューム出しには、絶対的な公式が存在します。その一つが法律。敷地ごとに「建ぺい率」「容積率」というものが定められていて、これに従わないかぎり建築行為そのものが許されません。

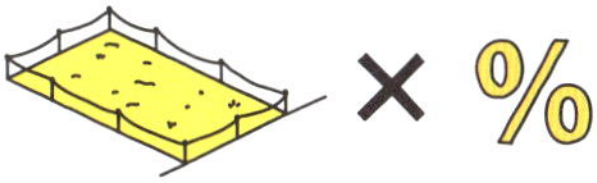

建ぺい率

敷地の広さに対する建物の広さの割合。35坪の敷地で建ぺい率が50%なら、広さ17.5坪までの家を建てられます。

敷地の面積 × 建ぺい率 ＝ 家を建てられる面積

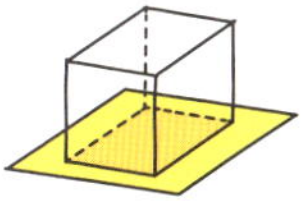

容積率

敷地の広さに対する建物の「延床《のべゆか》面積」（すべての階の床面積）の割合。35坪の敷地で容積率が80%なら、延床面積28坪までの家を建てられます。

敷地の面積 × 容積率 ＝ 延床面積

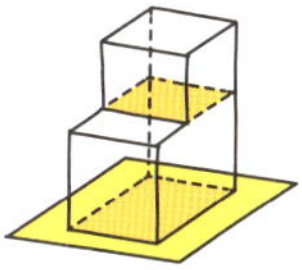

オーディオルームなど趣味に使う部屋がほしい場合は、もっと広くないとダメですね

②人数 —— 足し算で決まる

私の経験では、戸建住宅に必要な最低延床面積は25坪です。これは４人家族がギリギリ住める広さ（２〜３人家族なら余裕あり）。居住者がさらに増えれば、1人につき５坪を目安に足していかないといけません。

25坪 ＋（人数 × ５坪）＝ 必要な延床面積

③予算 —— 割り算で決断を迫られる

設計事務所や工務店は、会社ごとに「坪単価」を設けています。高級路線の会社なら１坪当たりの建築費が100万円、ローコストが売りの会社なら50万円といった具合です。建築費を「坪単価」で割ると、その会社で建てられる規模の上限がなんとなく見えてきます。

建築費 ÷ 坪単価 ＝ 家を建てられる面積

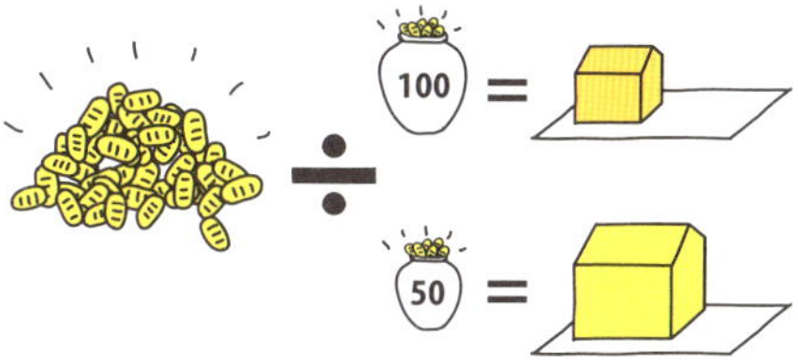

坪単価の定義は会社によって異なります。また、エアコンなどの設備機器は坪単価とは別扱いになります。これら別扱いのものを合算すると建築費の約3割にも！　試算は慎重に行いましょう

ベースの豆腐をつくってみよう

その敷地で建てられる建物の最大規模が分かったら、次にその形をシンプルな直方体に落とし込みます。間取りの検討に入るのはまだまだ先。まずは豆腐づくりから始めましょう。

① シンプルな四角形を描く

建築可能な延床面積が25～40坪（通常はこれくらい）であれば、まず図のような四角形を描いてみます。「長方形タイプ」は短辺を3間以上、長辺を4.5間以上にすると、それぞれ2部屋、3部屋が納まります。敷地形状に合わせて、正方形タイプにしても構いません。

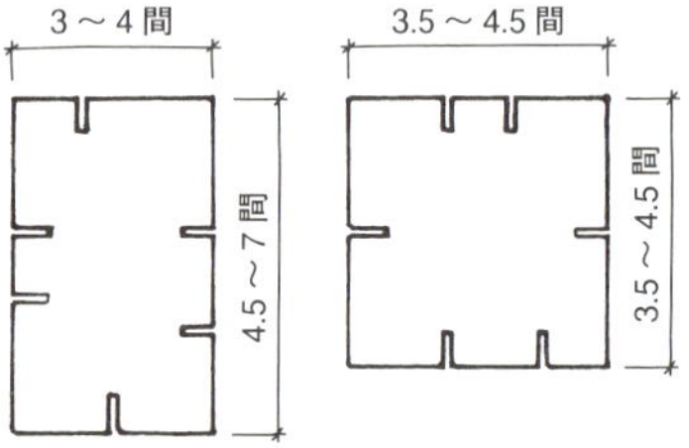

長方形タイプ　　正方形タイプ

② 高さはひとまず7,500㎜に

単純な四角形を描き終わったら、次に高さを仮決めします。1・2階の高さを2,700㎜（階高）ずつ取り、これに床下と小屋裏の高さを足すと7,500㎜。これが高さの目安になります。

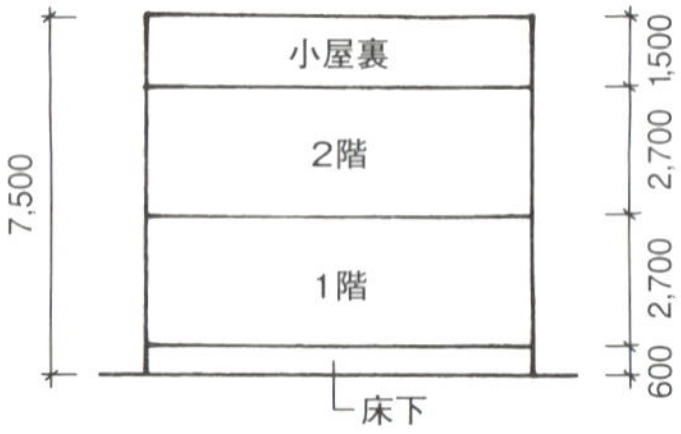

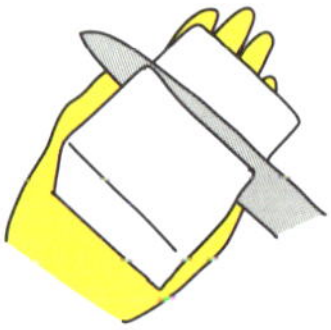

「豆腐」の比率は1：2まで

平面と断面の寸法が決まれば、四角い豆腐の出来上がりです。なお、豆腐の比率は1：1～1：2の範囲に納めてください。あまり細長くすると建築費が上がるうえ、間取りのバリエーションも制限されます。

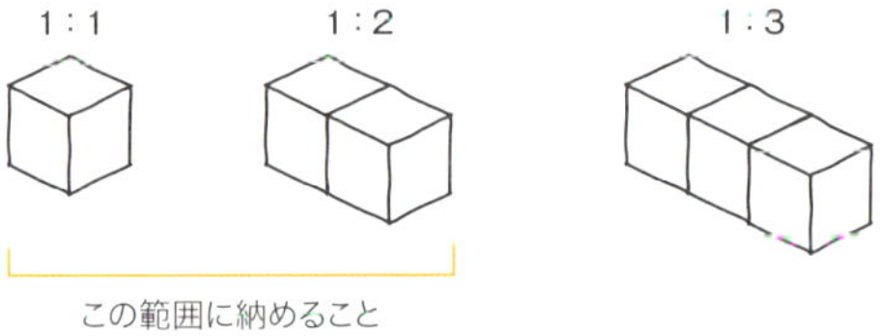

間取り先行が「ガタガタ」の理由

住宅地を歩いていると、必ずといっていいほど目にするのが、「小さな屋根をたくさん掛けた一軒家」です。上から見るととても複雑な形をしていますね。どうしてこのような形になるかといえば、建物の形より先に間取りを決めてしまうからです。必要な部屋を部屋単位でくっつけていくと、間取りは必ずガタガタします。建物も複雑な形状に。屋根が小分けになるのもまた然り。

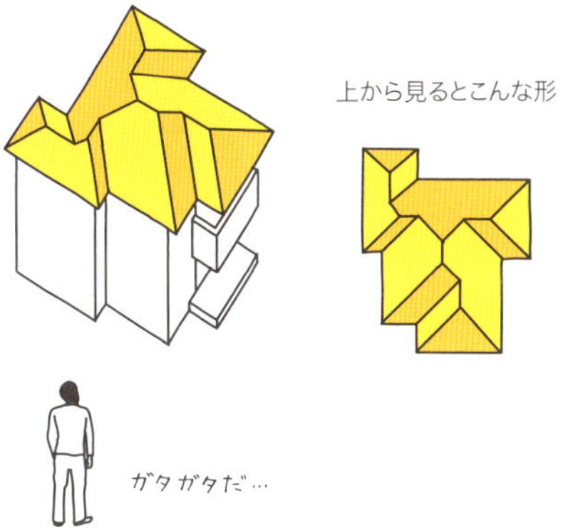

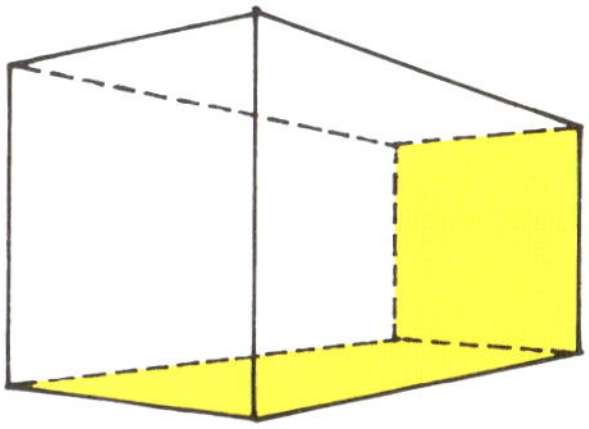

だから、豆腐から始めるのです

建物の形は複雑になればなるほど建築費が上がります。屋根に凸凹が増えれば雨漏りの危険性も高まります。構造の設計も難しくなるでしょう。なにより、建物全体のデザインがキマリません。そんなわけで住宅の設計は、四角い豆腐から始めるのです。

基本は「四角形 ＋ 総2階 ＋ ゆるい片流れ」

平面形状は四角形、断面形状は総２階（１・２階とも同じ床面積）、屋根形状はゆるい片流れ。好き嫌いはあるでしょうが、これがシンプルにして究極の建物形状です。さまざまな事情からシンプルにできないケースは多々ありますが、住宅の設計はまずここから考えてください。「建物がシンプルな形であればあるほど、間取りの発想は自由になる」。これは、経験を積んだ設計者なら誰しも実感している間取りの真実です。

＝　すべては豆腐から生まれる

「法律デザイン」は廃案に。

街中《なか》を歩いていてふと上のほうを見ると、周りのビルやマンションの壁面がどれも似たような角度で傾斜していて不思議に思ったことはありませんか？　あれってデザイン？　いえいえ、法律上の制約にしぶしぶ従った結果、あのような奇抜な光景が出現したのです。

建物の上部が斜めになるのは、建築基準法が定める「斜線制限」の仕業《しわざ》。周囲の建物に日当たりや通風を確保するための絶対的な決まり事です。斜線制限は、もちろん住宅にも適用されます。主に屋根の形（勾配）ですが、これは斜線制限を無視して決められません。だからといって、「屋根の勾配を斜線制限のラインに揃える」。これだけはやめてください。法律が定めるラインに合わせただけの屋根勾配は、もはや設計とは呼べません。第一、格好悪いじゃないですか。「法律デザイン」は廃案でお願いします。

豆腐を削る斜線制限

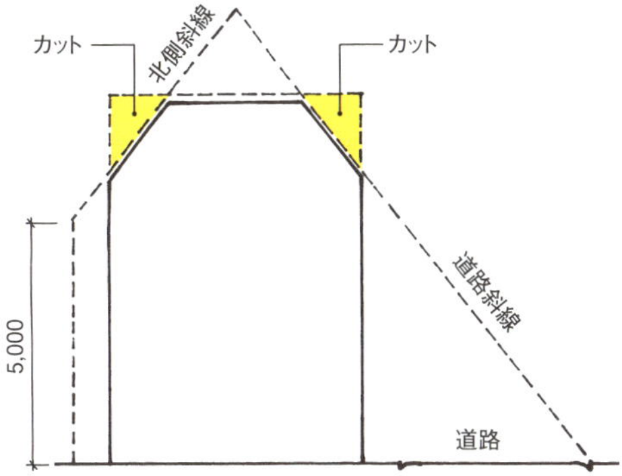

包丁を2回入れる

一般的な住宅の場合、建物の上部を斜めにカットする斜線は「道路斜線」と「北側斜線」の２つです。法律が定めるこの斜線より上に、建物を建てることはできません。ボリューム出しの作業でシンプルな豆腐をつくったら、即座に斜線からはみ出す２面を確認し、カットしておきましょう（斜線制限には各種緩和規定が使えます）。

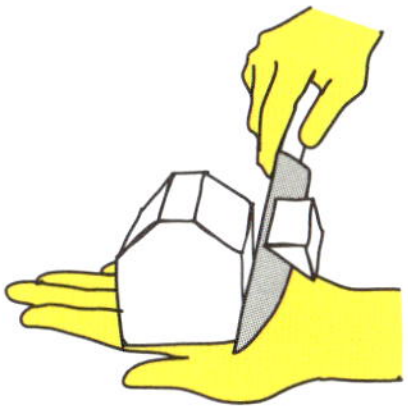

「高度地区の制限」があると、もっと削られる

特に都市部に多いのですが、敷地の場所によっては通常の斜線制限よりさらに厳しい規制（高度地区の制限）が適用されます。これに引っかかると豆腐を削る量がさらに増えます。場合によっては３階建ての計画は難しくなるでしょう。やってやれないことはありませんが、おそらく３階の部屋では立って生活できません。

大都市の狭小敷地が「第一種高度地区」に該当すると3階建ての建設は厳しいですね。第二種高度地区ならなんとかなるかも！？

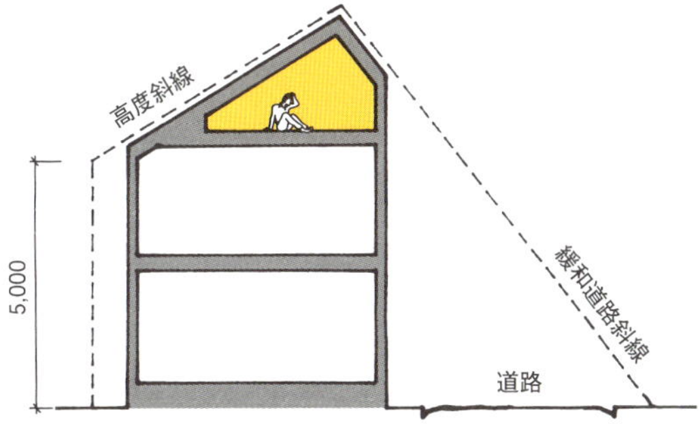

アタマは格好よく刈り揃えたい

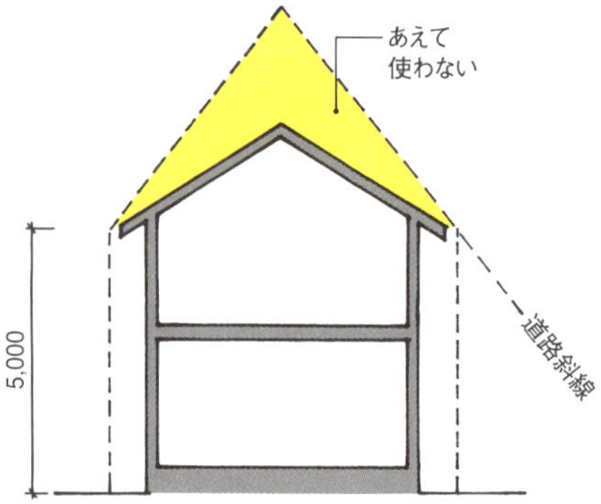

豆腐に絶対的な「包丁」を入れたら、次にアタマの形を整えます。デザイン的に余計な部分をカットして、建物全体のプロポーション、屋根の形状を整えるのです。皆さんが美容院に行くのと同じです。

欲張ると「面構え」が不自然に

屋根の形状を決める際は、欲を出さないことです。たまに、「斜線制限ギリギリのラインで切り取りました」という住宅を目にしますが、法律で許される容積を目一杯使ってやろうとすると、建物全体が不自然な面構えになります。

非対称でも安定すればOK

屋根は建物全体のバランスを安定させる形状が基本です。多少容積が減ったとしても、思い切って削ったほうがよくなります。個人的には切妻か片流れがおすすめ。左右対称の切妻型なら安定感抜群ですが、左右非対称でもバランスが取れていればOKです。

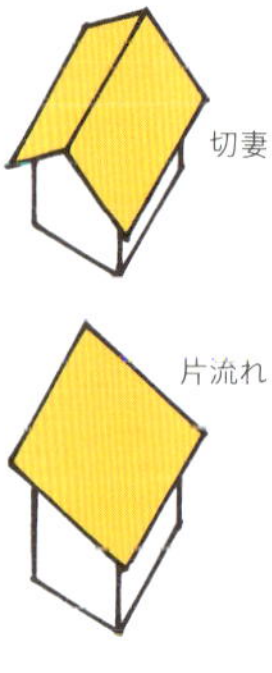

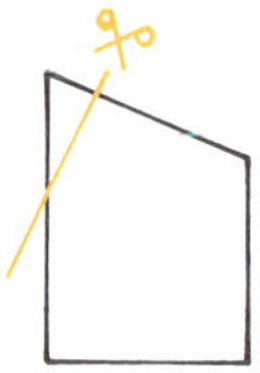

写真の住宅は法律上、左側は削らなくてもよかったのですが、バランスを取るために左側もカットしました

美しい屋根をつくる「引っぱり上げ」

屋根は、建物の上部に「載せるもの」というイメージをもたれているかと思います。けれど、その発想で屋根をつくると、建物形状と間取りの連携が悪くなります。屋根は「建物の一部分を引っぱり上げ、その下の空間をより豊かにしていくもの」というイメージでつくっていくと、間取りとの関係がうまくまとまります。

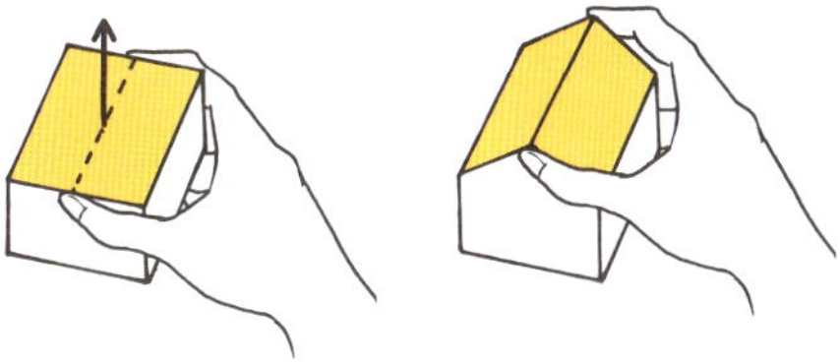

基本：真ん中を引っぱり上げる

基本的には、建物の真ん中あたりを引っぱり上げます。リビングが2階にあるなら、リビングの上を引っぱり上げると効果的です。

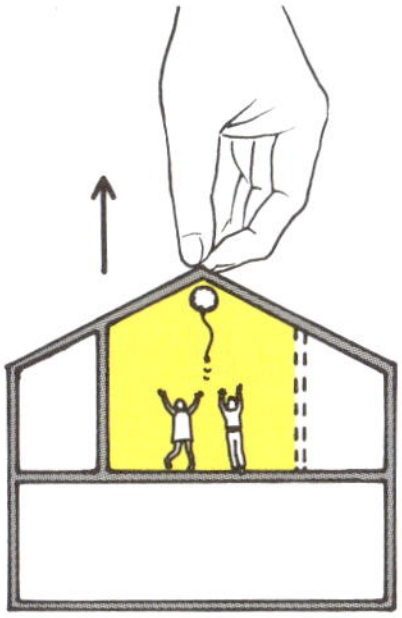

応用：端部を引っぱって2層にする

真ん中ではなく、あえて建物の端部を引っぱり上げることもあります。こうすると、高くした屋根の下を2層にできるので、空間の立体的な活用がねらえます。

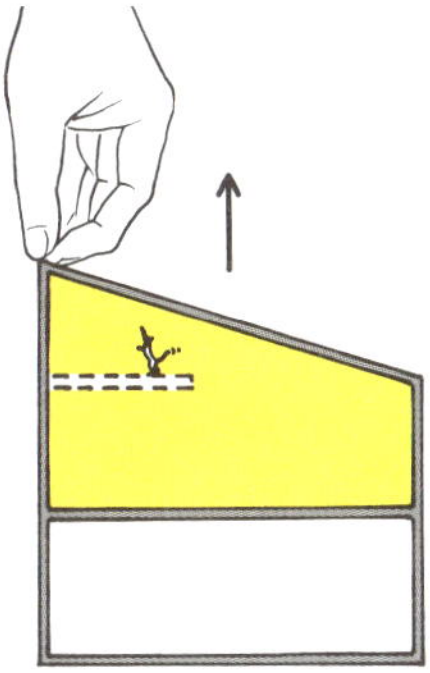

＝ 控えめに、間取りのことも考えながら、引き上げる

形状

凸凹のチャンスは一度。

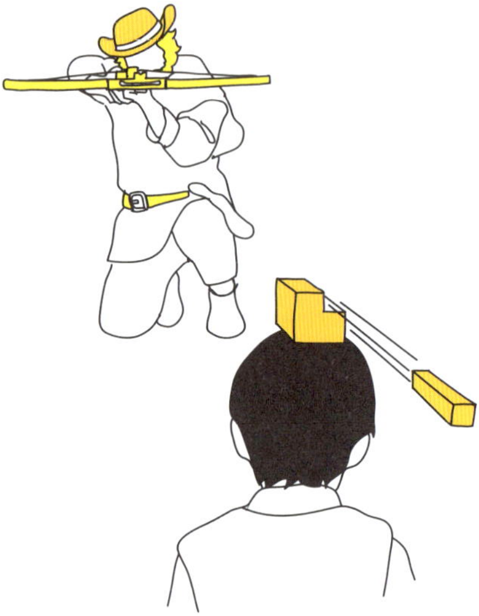

前に、「建物の形はシンプルな四角形から考え始めよう」と述べました。とはいうものの、実際にシンプルな形状のまま竣工を迎える家はあまり多くありません。私の場合、設計の過程で四角形に凸凹を取り入れていくからです。心地よい光や風をたくさん室内に取り込みたい――主に建物と外部環境との関係をより良好に発展させたいとき、凸凹の導入はとても大きな効果があります。

ただし、ルールが一つ。「凸凹を設ける場所は一カ所ないし二カ所までにすること」。凸凹の数が増えると建物形状が複雑化し、間取りを制約する条件が増えます。建物全体のデザインもどんどんまとめにくくなります。凸凹は、使い方次第で毒にもなれば薬にもなる諸刃の剣なのです。

では、決定的な凸凹をどこに設けるか？ それは皆さんの判断におまかせします。慎重に、でも大胆に。

豆腐を変形させてみる

住宅は規模の小さな建物です。シンプルな形状から変形させる(凸凹させる)のは1回、多くても2回までに留めておきましょう。さもないと、建物が複雑怪奇、魑魅魍魎な姿に変身していきます。

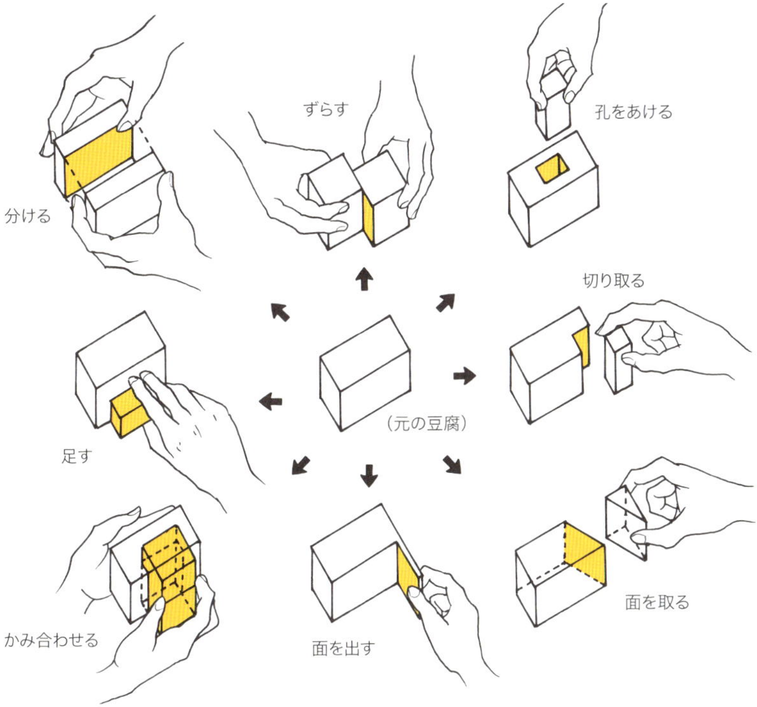

変形の「計算過程」を書き残す

建物をシンプルな豆腐形から変形させるときは、「どこをどう変形させたか」がハッキリ分かるようにするのが秘訣です。変形の過程が見えると、デザインの意図が明快に伝わり、幾何学的にまとまりのある形状として第三者に認識されます。「なぜそのような形にしたのか」が不明瞭な建物は、クライアントの頭に「?」が積み重なっていくだけ。それ以外の提案(間取りなど)にも疑いの眼差しを向けられるのがオチです。

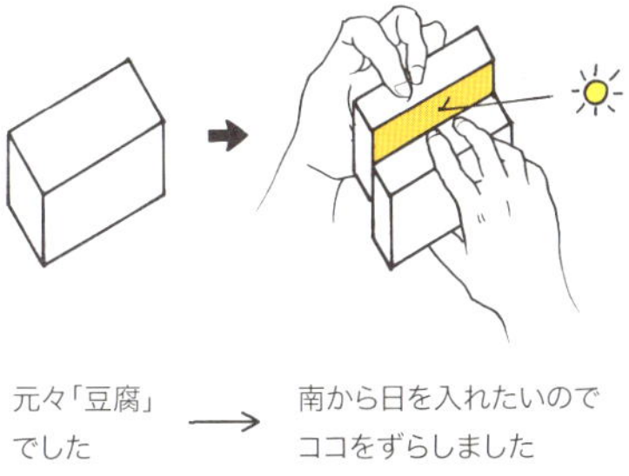

「日本のバルコニー」は凸凹の悪い見本

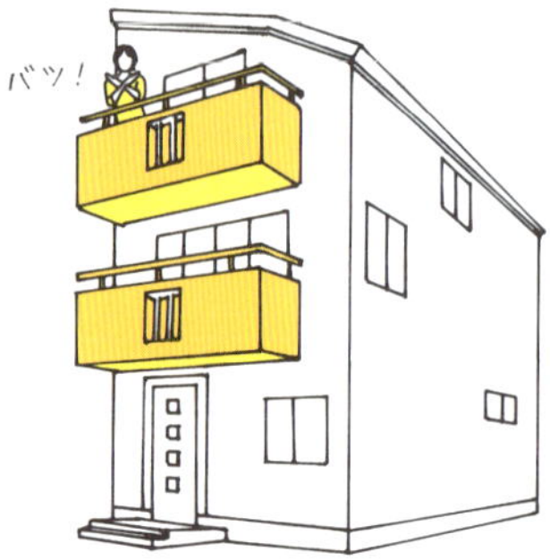

建物の形状を考えるとき、最も厄介なのがバルコニーの扱いです。一般に、建物の南面に設けられる奥行き半間（910㎜）のバルコニーは、日本の家の標準解ともいえるおなじみの形です。けれどこのバルコニーは、洗濯物を干す以外に使い道がほとんどなく、デザイン的にも「後付け感」が強く残ります。建物形状の悪い見本といってもよいでしょう。

バルコニーは“抜いて”つくる

そこで私がおすすめしたいのが、豆腐形を部分的に凹ませてつくるバルコニーです。凹形のバルコニーは外壁面から飛び出す「片持ち形状」とは異なり、奥行きを広く取っても構造的な弱点が生まれません。広い奥行きが取れれば、物干し以外にも用途が広がります。バルコニーの上には自然に「屋根」ができるので、日差しや雨水への対策にもなります。なにより、建物全体の形がすっきりすると思いませんか？

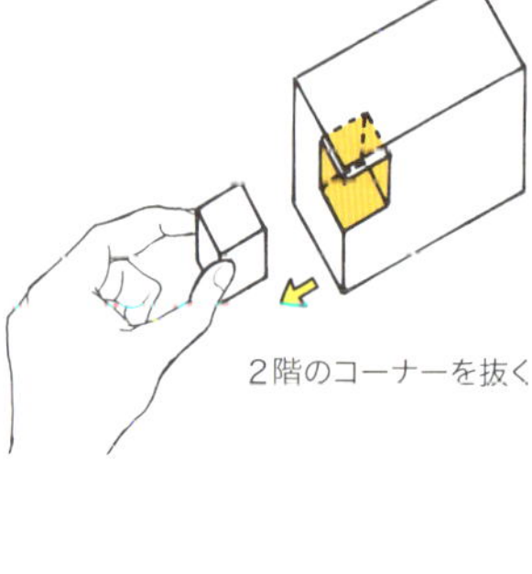

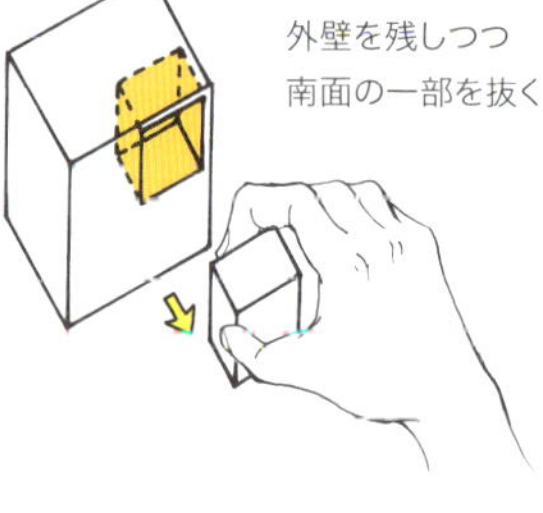

玄関ポーチも凹形と相性よし

もう一つ、凹形に抜く形状が効果的なのが玄関ポーチです。バルコニー同様、玄関ポーチも上部に「屋根」がなければ、雨の日に濡れてしまいます。その点、直方体の一部をくり抜いてつくる方法なら屋根が自然に生まれます。加えて、玄関ポーチに「半屋外空間」の機能も備わるので、たんなるポーチ以外にも用途が広がります。

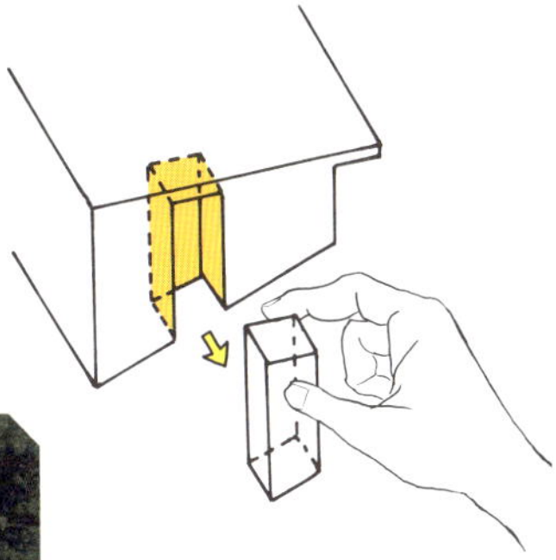

玄関ポーチ以外の庇も兼ねる

間取りによっては、玄関とリビングが同じ方向（南側が多い）に面することもあるでしょう。そんなときは、玄関ポーチの庇《ひさし》とリビングの庇を連続して設けるとデザイン的にすっきりします。玄関からリビングまで、ひとかたまりに抜く方法です。

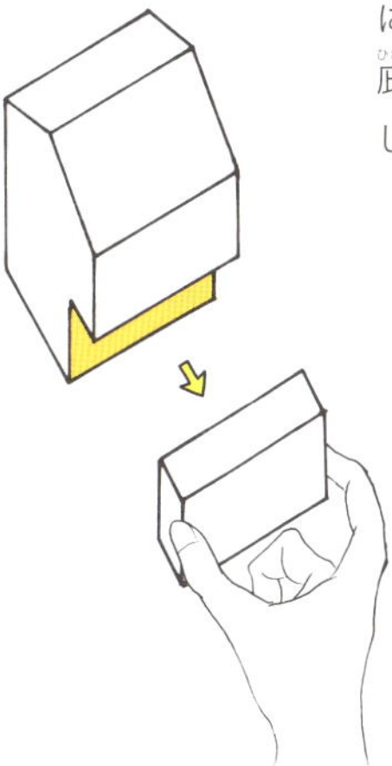

凸形の代表 —— 軒・庇・袖壁

凹形とは反対に、シンプルな四角形から部分的に突き出させる形状も効果的です。軒《のき》、庇《ひさし》、袖壁《そでかべ》などがその代表です。

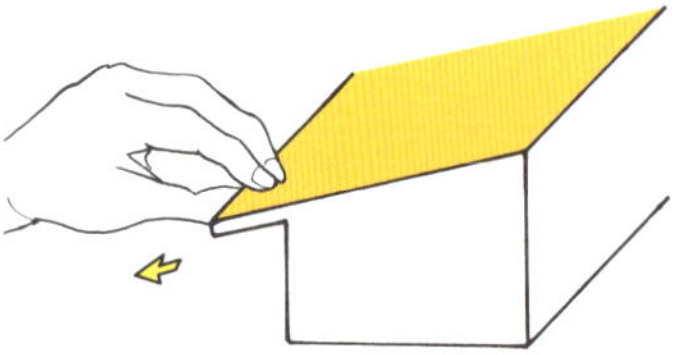

軒を出す

軒は日差しをさえぎり、外壁が雨水で濡れるのを防ぎます。写真の家は台形立面のボックスから、軒を伸ばした形状です。

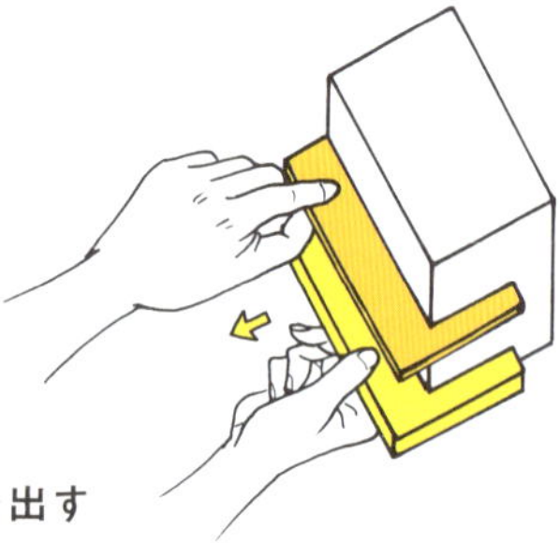

庇を出す

庇だけでなく、デッキテラスも同じ奥行きで突出させると、気持ちのよい半屋外空間が生まれます。

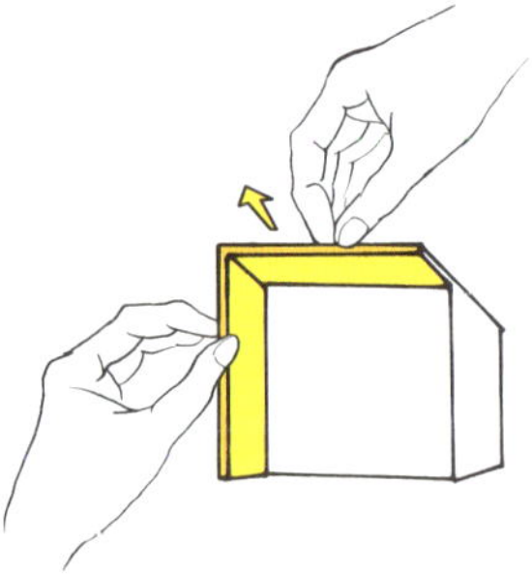

袖壁を出す

軒と西面の袖壁を同じ長さで引っぱり出しました。これで西日も防げます。

凸形の極み —— オーバーハング

建物の２階部分を引っぱり出して凸形をつくる形状は、たとえば、狭い敷地に設ける駐車場の上空部分を利用したいときに有効です。この形状をオーバーハングといいます。

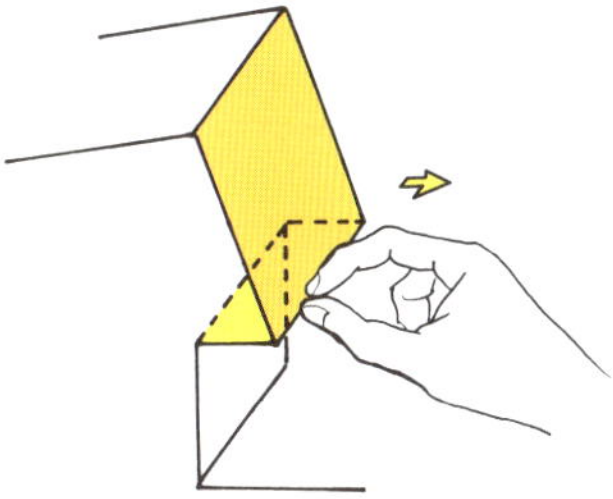

玄関庇の代わりに

外壁をつまんで引っぱり出すイメージです。オーバーハングした部分が玄関庇にもなります。

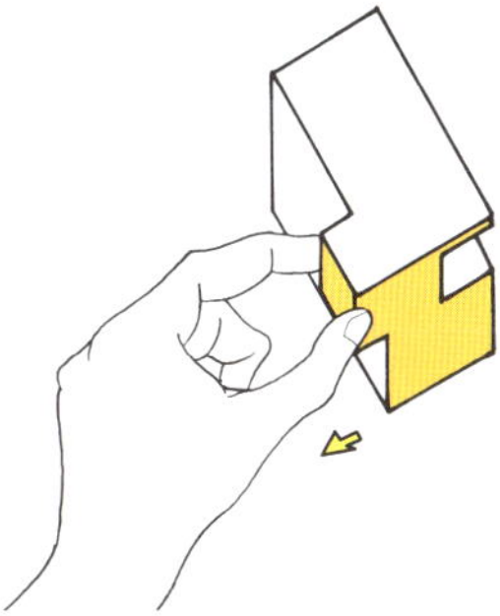

自転車置き場の屋根代わりに

２階の一部をカタマリごとずらして凸形にするのも常套手段です。写真の家は窓の庇が自転車置き場の屋根も兼ねています。

＝ あなたならどこを凸凹させますか？

「資料」のページに登場した住宅のその後……

30ページで紹介した、鉄筋コンクリートの社宅で暮らしていたクライアントの住宅です。「シンプルな豆腐形から始める」というセオリーどおり、外観は四角形（総２階）、ゆるい片流れ屋根で、バルコニーは「豆腐」を凹ませてつくりました。間口３間（5,460㎜）、奥行き５間（9,100㎜）弱の長方形で、中央に吹抜けがあります。コルビュジエの「シトロアン型住宅」にインスパイアされた、都市型住宅の一例です。

A-A 断面図

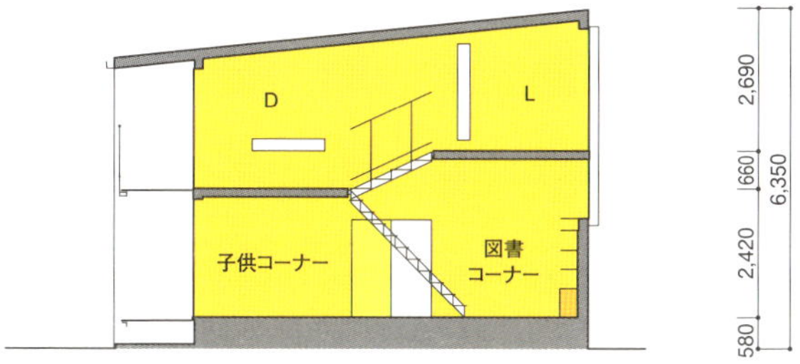

2階平面図

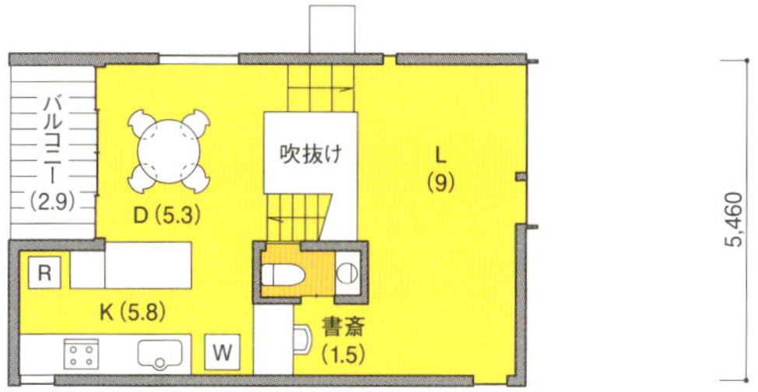

1階平面図

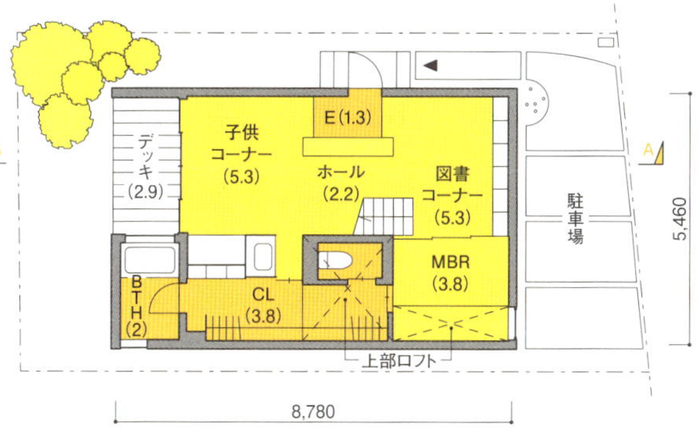

S = 1 : 200

(　)内は畳に換算したときの畳数

鎌倉Y邸

所在地／神奈川県鎌倉市（準防火地域）　家族構成／夫婦＋子供1人

規模／木造2階建て　敷地面積／100.50㎡（30.4坪）

建築面積／47.94㎡（14.5坪）　延床面積／93.39㎡（28.3坪）

実際の間取り

2

凸形のリビングが、南側の梨畑までつながっていく

敷地の南側に広がる梨畑の眺めが良いことから、キッチン・ダイニングを2階に配置するなど2階に重点を置いた間取りです。2階北側のリビング部分をオーバーハングさせて床面積を広げるとともに、玄関庇も確保しています（45頁上写真）。屋根はリビングの上部を引き上げるイメージ。屋根だけでなく床面も引き上げているので、結果として「リビング → キッチン・ダイニング → 梨畑」と、川の流れのように景色がつながっていきます。

A-A 断面図

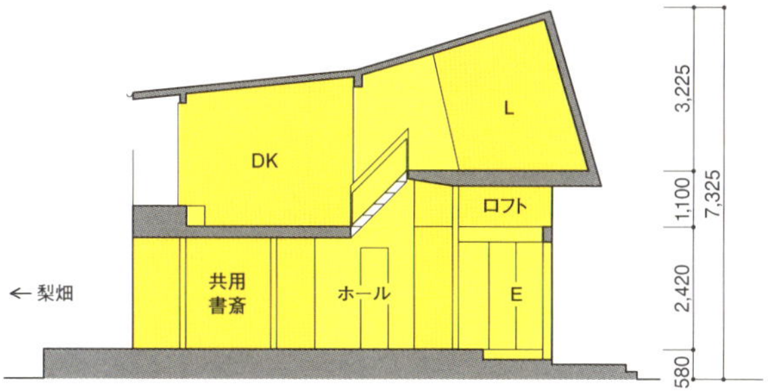

2階平面図

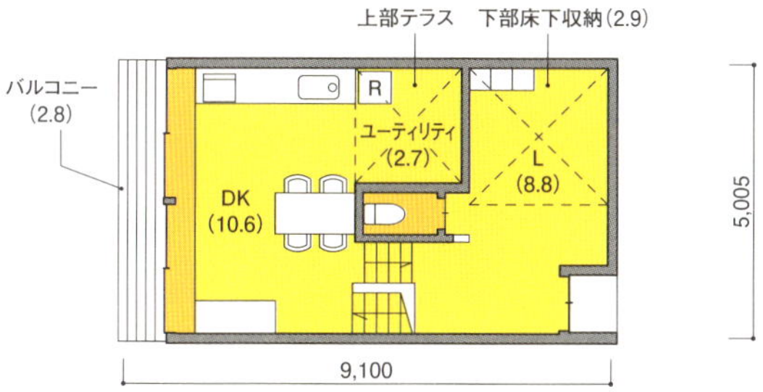

1階平面図

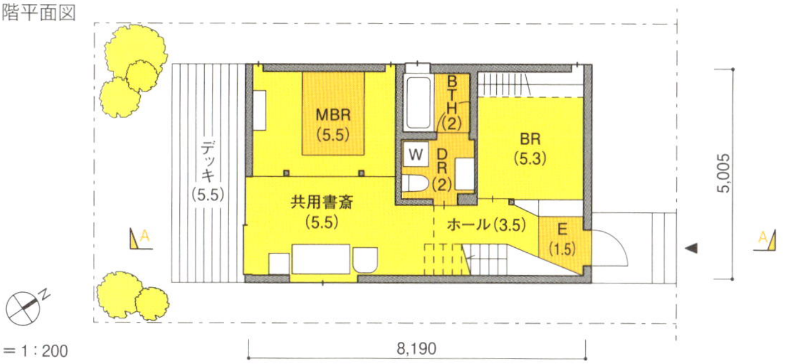

S＝1：200

(　)内は畳に換算したときの畳数

松戸N邸

所在地／千葉県松戸市（法22条地域）　家族構成／夫婦

規模／ 木造2階建て　敷地面積／ 101.56㎡（30.7坪）

建築面積／ 44.56㎡（13.5坪）　延床面積／ 91.12㎡（27.6坪）

STEP 2

礼儀作法を身につけよう

人間関係を円滑にするために、
社会生活の秩序を維持するために、
私たちは礼儀作法という行動様式を
大切にしています。
同じように、
住宅が住宅として機能するため、
間取りが毎日の生活に支障をきたさぬためには、
家づくりの世界にも守るべきルール、
大切にしたい決まり事があります。
住宅の設計に欠かせない
最低限の礼儀作法を身につけておけば、
間取りは確かな骨格をもって
あなたの前に立ち上がります。

一にクルマ、二に庭木、三四がなくて、五に家屋。

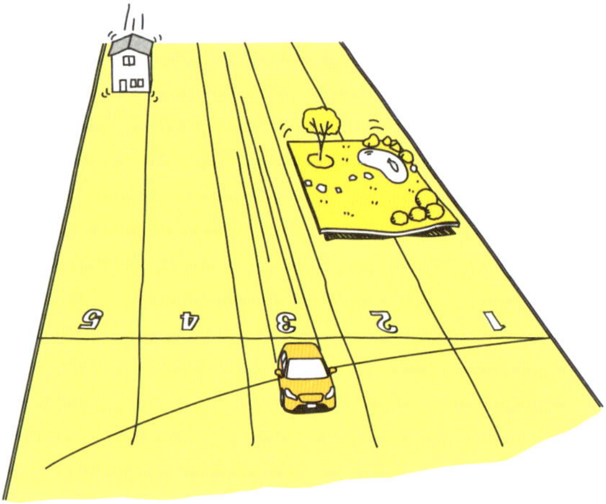

大きな目的を達成するために、障害を周辺から取り除いていくことを「外堀を埋める」といいますが、建物の配置計画は、文字どおり外堀を埋めながら本丸ににじり寄っていくような作業といえます。戸建住宅の三点セット「建物、駐車場、庭」のうち、駐車場と庭の配置が決まらなければ、建物の配置も決まらないからです。

駐車場は、道路と接する場所に配置するのが原則。さもなければ、狭い敷地では建物を配置するスペースを確保できません（敷地が広ければ別）。庭は建物に光や風を呼び込む「空き地」ですから、そこにどれだけの広さを確保するかを決めないと、次の段階に進めません。実際には三者を同時並行で検討するのが設計業務の現実。けれど、「理屈のうえでは建物が最後」。そう覚えておくと、おかしな配置がおかしな間取りを誘発するおそれはなくなります。

狭い敷地はクルマの駐車が死活問題

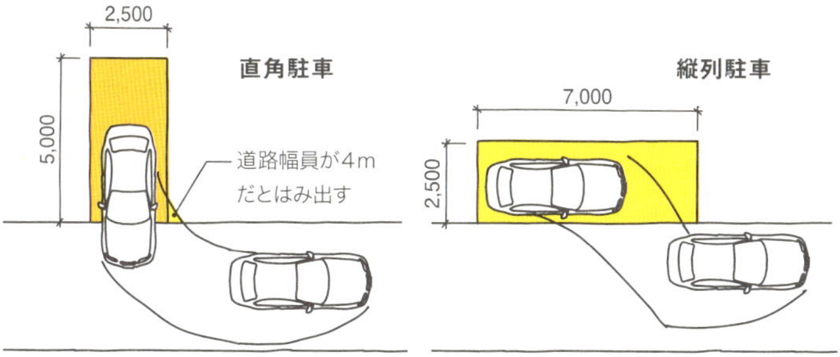

駐車に必要なスペース

クルマ（中型車）のサイズを、長さ4.5×幅1.75mとすると、直角駐車なら5×2.5m、縦列駐車なら2.5×7mのスペースが必要です。もちろん、電柱や塀など周囲の障害物にぶつからないよう、駐車するクルマの軌跡も確認しておかなければなりません。

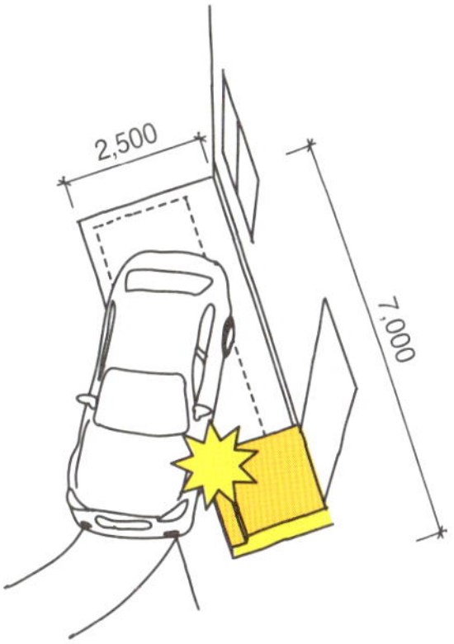

玄関ポーチにぶつかるぞー！

玄関ポーチは、通常階段2段分くらいの段差ができるのが一般的です。ただ、狭い敷地で玄関脇に駐車場をつくると、この段差（ポーチ）とクルマの軌跡（タイヤ）が干渉するおそれがあります。駐車場はポーチの位置まで想定しておかないと万全とはいえません。

玄関ドアをふさがないように

狭い敷地での注意点をもう一つ。駐車場と建物の間に十分なスペースが取れないようなら、玄関を駐車場の真横に配置するのはNGです。ドアの開かない玄関は、もはや玄関ではありません。

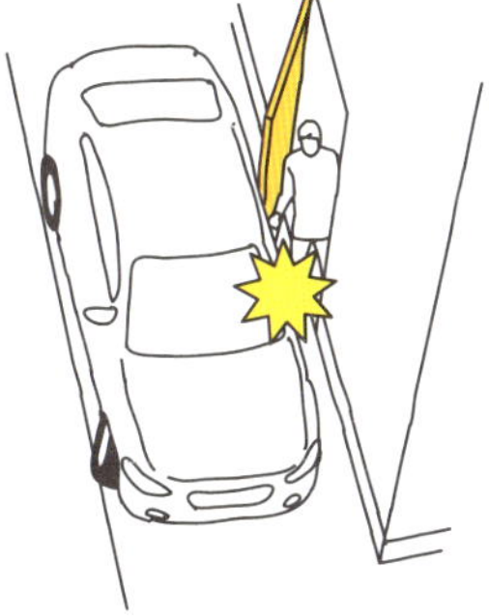

こんな駐車場はイヤだ

リビング前を台なしにする

南側に面して配置されたリビングは、日当たりがよく、目の前を庭にするには絶好のロケーションといえます。そこに駐車場を配置するとどうなるか？リビング前が「全滅」するのはもちろん、窓を開けていると排気ガスが入ってきます。ゴホッ。

カニ歩きをさせられる

狭い敷地にありがちですが、クルマのドアが十分に開かず、玄関までカニ歩きを強いられる駐車場があります。

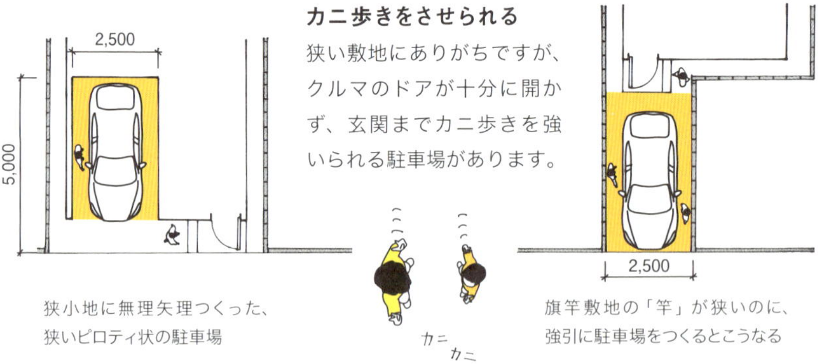

狭小地に無理矢理つくった、狭いピロティ状の駐車場

旗竿敷地の「竿」が狭いのに、強引に駐車場をつくるとこうなる

建物を切り欠くのは最後の手段

同じく狭い敷地にありがちですが、駐車場に合わせて建物形状をカギ形にする設計があります。この形は間取りの自由度が格段に下がるので、あまりおすすめしません。カギ形にするのはあくまで最後の手段と心得ておきましょう。

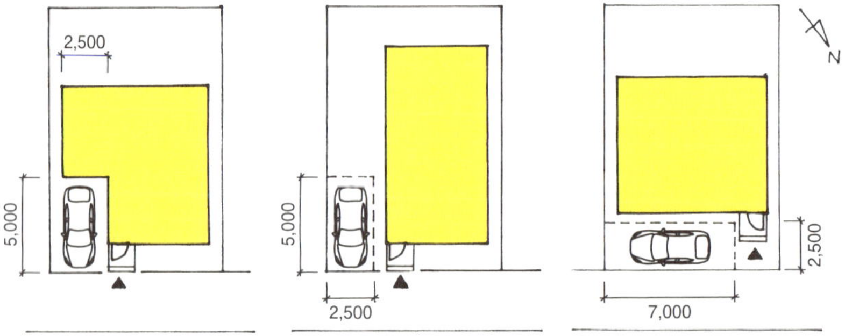

✕切り欠き型　○直角駐車　○縦列駐車

庭はオープンスペースにつなぐ

駐車場のサイズと位置が決まったら、次に庭を配置します。庭の配置は、「余白が広く取れる場所に」が原則。一概に南側がよいとも言えません。

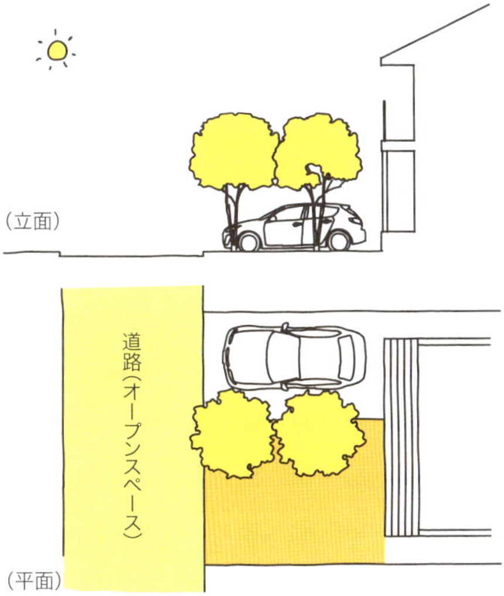

光と風を呼び込むには?

庭は家庭菜園をつくるために設けるのではありません。光と風を建物の中に呼び込む「空き地」がほしくて設けるのです。そう考えると庭は、建物周囲に広がるオープンスペースとつながるように配置するのが基本と分かります。南側が開けていれば文句なしですが、南が無理でも、道路、河川、公園、隣家の庭など、周囲の空いているところに接続できればOKです。

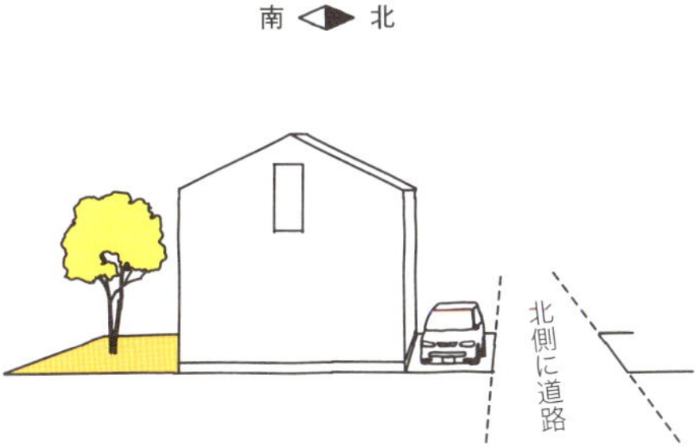

ただし、道路が北側なら…

「庭はオープンスペースにつなげるのが基本」ですが、道路が北側にある敷地ではそれも考えものです。庭を道路（オープンスペース）のある北側に設けると、南側に配置した建物の影になって庭が暗くなります。道路が北側なら、駐車場と建物をなるべく北側に寄せ、庭は敷地の南側に配置します。

傾斜地なら谷側を庭に

庭の配置は地形とも関係します。敷地が傾斜地であれば、眺望のよい谷側にリビングを設けるのが一般的でしょう。そうなると当然、庭の配置も方位に関係なく谷側で決まりです。

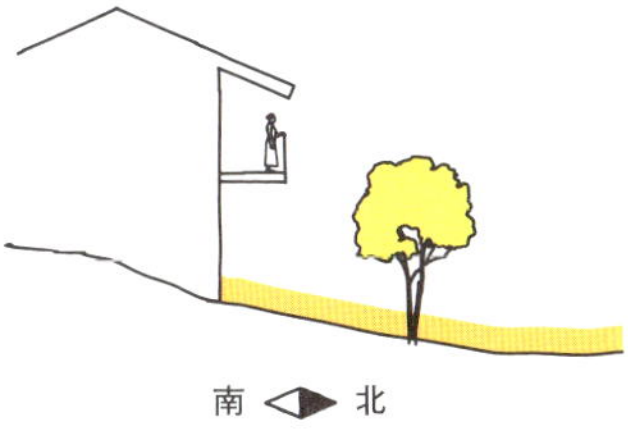

建物の配置

道路が南側にあるなら、建物は北側へ

道路が敷地の南側にあるなら、駐車場・庭・建物は問答無用で以下の配置になります。道路に接続する南側が駐車場と庭のスペースです。クルマが南側のリビング前をふさがないよう、直角駐車にするとよいでしょう。

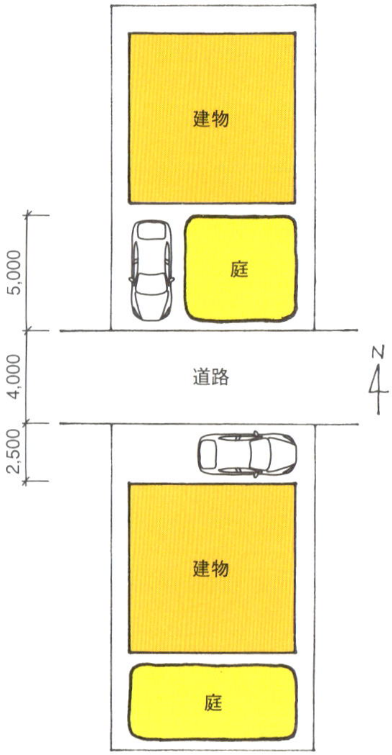

道路が東西側にあるなら、道路側をあける

道路が東側か西側にあり、かつ敷地が狭い場合は、南側に十分な庭のスペースを取れません。こんなときは、道路からなるべく遠い位置に建物を配置します。採光だけなら、道路側からの光で十分です（ただし夏の西日には注意）。

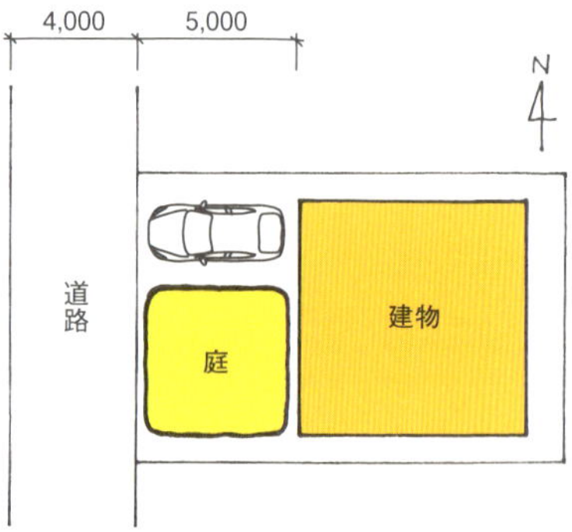

なお、上の配置は北側斜線が「豆腐」を北下がりの片流れ形状に削ります。屋根形状の整え方に工夫が求められるところです。

道路が北側にあっても、建物は北側へ

道路が北側にある敷地なら、北側に駐車場（縦列駐車）を配置したうえで、建物もなるべく北側に寄せます。これで南側の庭が広く取れます。この配置は建物に北側斜線がかかりにくいので、「豆腐」を削る部分も減ります。

隣の家からどれだけ離す？

建物の配置で気をつけたいのが隣の家との距離です。基本的には「民法」から、現実的には「設備機器に必要なスペース」から、この距離は決まります。

50cm離す
・民法

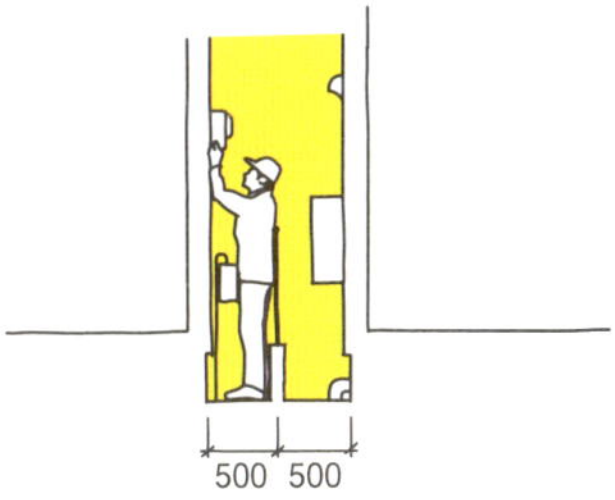

民法が定めている隣の家との最小距離が50cmです。これは、カニ歩きでなければ歩行困難、工事用の足場がギリギリ組める寸法です。各種メーター類を取り付けるのがやっと。

75cm離す
・換気窓
・室外機

普通に歩ける幅です。1階に採光用の窓を設けるには厳しい間隔ですが、換気用なら可能です。エアコンの室外機も設置できます。隣の家とのあきは、この75cmを基本にしてください。

1m離す
・自転車
・ヒートポンプ式
　給湯機

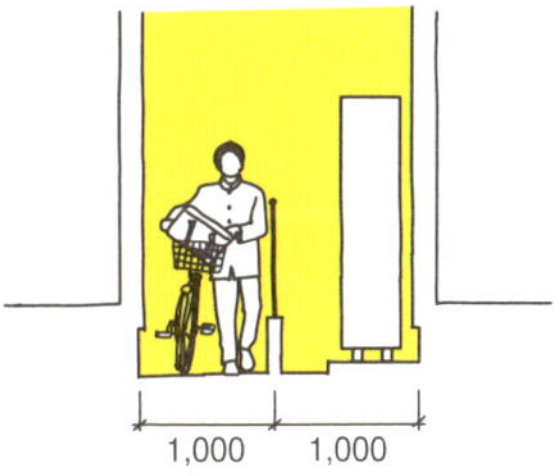

自転車を押しながら歩ける幅です。薄型の物置きやヒートポンプ式給湯機、プロパンガスも設置できます。

1.5m離す
・アプローチ
・採光窓

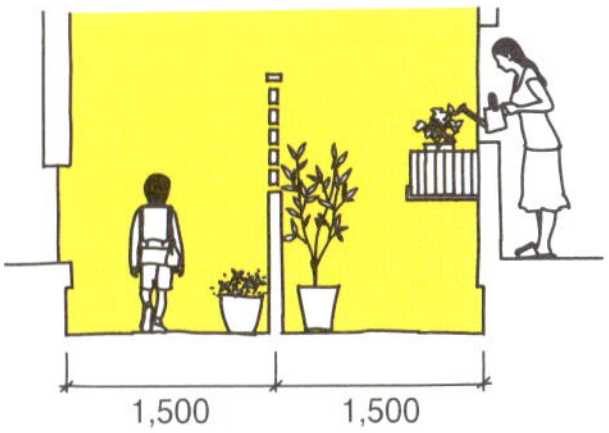

これくらいあれば、玄関までのアプローチを設けられます。法的な計算が必要ですが、1階の窓を採光用として使用できます。

＝ 配置計画はクルマ・庭・家の三位一体で

領域

Don’t think. Feel.

駐車場、庭、建物の配置が決まったら、いよいよ建物の中身、間取りの検討に入っていきます。でもその前に。いきなりピンポイントで決めていくのは難しいですよね。まずはざっくりと始めていきましょう。

部屋の配置を大まかに割り振る作業を、ゾーニング（領域分け）といいます。通常は、リビング・ダイニングなどのパブリックゾーン、洗面室・浴室などの水廻りゾーン、寝室・子供部屋などのプライベートゾーンという3つのゾーンに割り振ります。建物のどのあたりを何のゾーンに割り振るかは、敷地に立てばほぼ分かります。あなたは先ほど、庭と建物の配置を決めたとき、「庭がここなら、リビングはこのあたりがいいかな？」と部屋の配置にまで思いが至らなかったでしょうか……。それです！　あなたが感覚的に好ましく思った配置は、たいてい正しい配置です。

気持ちがよい場所 → パブリックゾーン

感じるんだ！

おおまかな部屋の配置は、敷地の真ん中に立てば何かしらひらめくものです。敷地に接する道路（オープンスペース）を基準に駐車場と庭の配置を決めたら、全身の感覚を研ぎ澄まして「感じて」ください。その敷地のなかで最も「気持ちがよいと感じる場所」はどこでしょうか？

まずは、オモテ側を押さえる

人が気持ちがよいと感じる場所は、南側で日が入る場所、庭に面して景色のよい場所など、建物の「オモテ側」です。この領域には家族の滞在時間が長いリビングやダイニングを割り振るのが順当といえるでしょう（イラストでは和室も割り振っています）。ゾーニングは、建物のオモテ側から押さえていくのが基本です。

ウラ側 → 水廻りゾーン

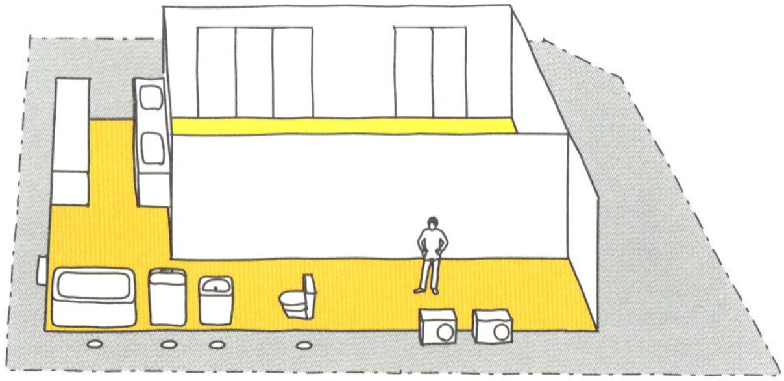

設備関係はウラ側にまとめる

オモテの配置が決まれば、ウラの配置も自然と決まります。建物のウラ側には、滞在時間の短いトイレ・洗面室・浴室といった水廻りを配置しましょう。水廻りに付随する給湯器、桝類、各種メーター類などもウラ側へ。設備関連の機器がウラ側に隠れると、建物の外観もすっきりします。なお、滞在時間が長く使用頻度も高いキッチンは、オモテとウラの中間くらいに配置するのがよいでしょう。

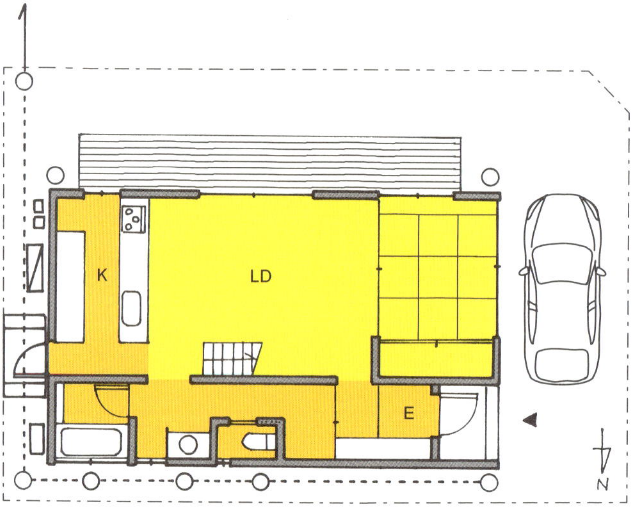

これが1階の間取りの基本形

建物のオモテとウラを意識しながら配置した1階の間取りです。敷地の条件によって変化させる部分は出てきますが、ゾーニングの基本的な考え方はどのような敷地でも同じです。

「2階リビング問題」を考える

面積が広く庭が十分に取れる敷地なら、リビングは1階に配置するのが妥当です。けれど、周りを建物に取り囲まれた都市部の狭い敷地では、1階は日当たりが悪くリビングが暗くなりがちです。そこで登場するのが「2階リビング」という配置法。その長所、短所を整理しておきましょう。

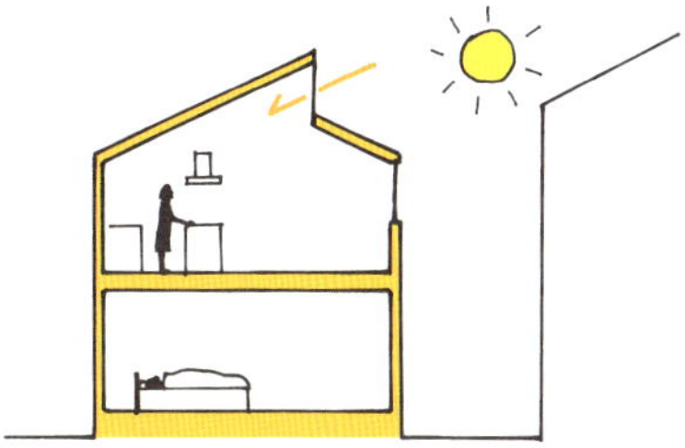

○ 日当たり・明るさ

最大のメリットはこれです。ハイサイドライトを設けて採光すれば、隣の家の影響を受けずに一年中明るい家になります

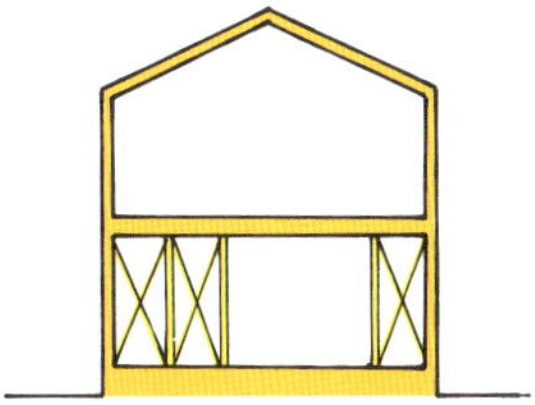

○ 耐震

通常は1階に個室がくるので、各部屋を細かく仕切る柱や壁が耐震性を上げてくれます。2階の壁はあまり必要ないので大空間を実現可能

○ プライバシー・防犯

通行人からリビングの中を覗かれにくくなります。1階の個室の窓は大きくする必要がないので、防犯性も上がります

○ 木の内装

やや専門的な話ですが、「火気使用室」(キッチン)が最上階になるので、内装に「防火の制限」がかかりません。床・壁・天井に木を張れます

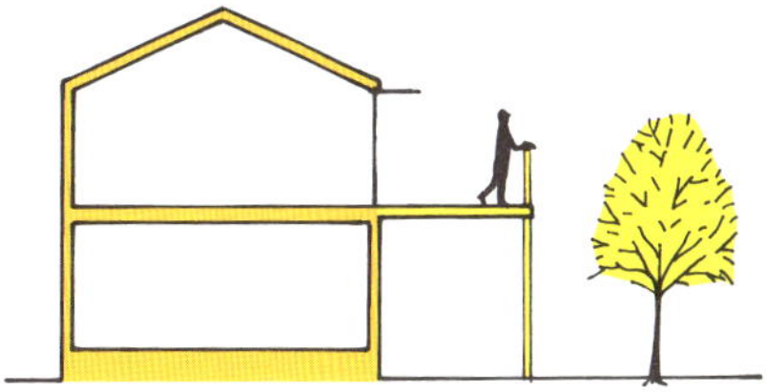

△ 庭との関係

リビング前での庭いじりができません。その代わり、外の眺めはよくなります。2階に広めのバルコニーをつくれるといいかも

× 将来の不安

足腰が弱ると階段の上下移動がつらくなります。将来的にはエレベーターやミニキッチンの設置が必要になるかもしれません。最大の弱点はこれ

「L・D・K」は「KD・L」

ゾーニングをしていくうえで、LDKの扱いを気にする人は多いでしょう。建物のオモテ側に陣取るLDKにはさまざまな配置パターンが考えられそうです。しかし、L・D・Kの関係性に着目すると、その配置には限られたパターンしかないことが分かります。

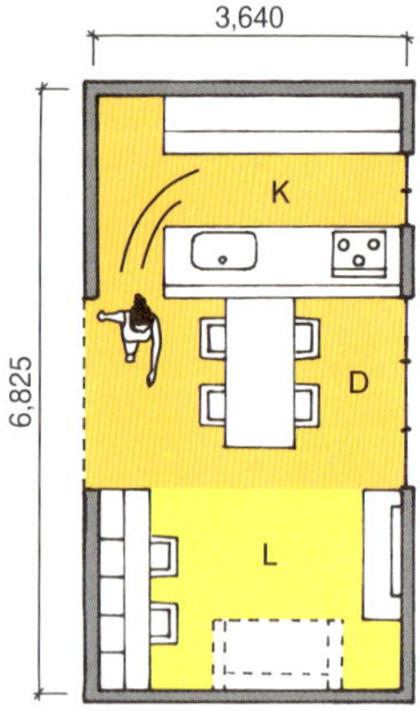

KDにLを接続すると考える

キッチンとダイニングは、その機能特性上、隣どうしにしておくと食事の準備も後片づけも効率的です。この2つは「常に一緒」が基本でしょう。けれどリビングは、キッチンから遠くにあってもそんなに悪くありません。ダイニングに近ければいいかなぁという程度。というわけで、「KDにLを接続する」と覚えておけば、LDKがおかしな配置になるおそれはなくなります。

カタチはなんとでもなる

KD＋Lが基本と分かれば、LDKは右図のような正方形でもよいと分かります。基本的な理屈さえ押さえておけば、あとはあなたの自由です。

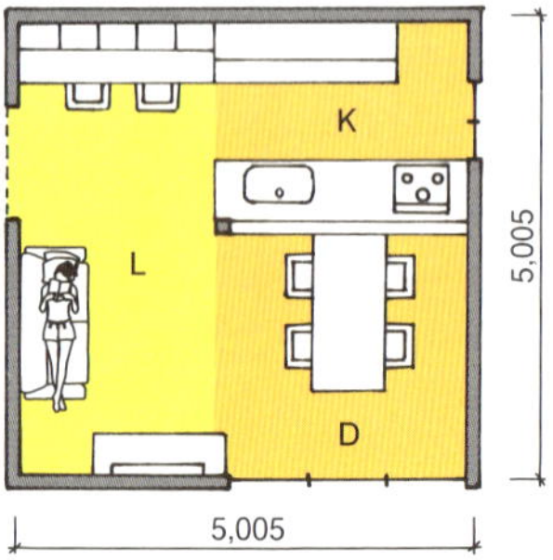

15畳がひとつの目安

ちなみにLDKに必要な面積は、長方形にしろ、正方形にしろ、だいたい15畳程度です。ダイニングセット、テレビ、小さめのソファ、パソコン用スペースなどを確保したLDKは、どんな家でもそれくらいで納まります。

LDKの2大バリエーション

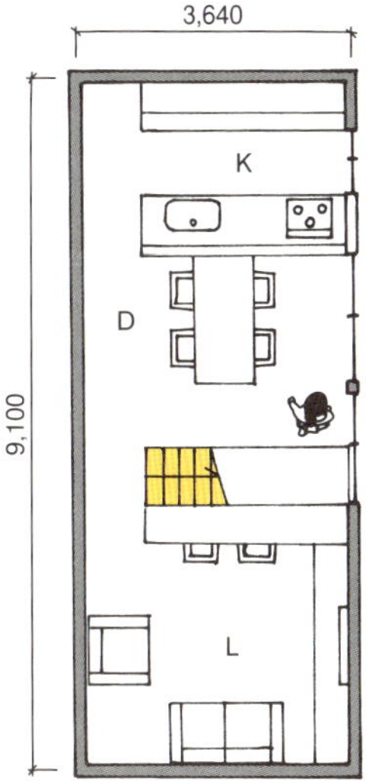

「リビング階段」を入れて20畳で納める

最近増えている間取りの一つが、リビングの中に階段を配置する「リビング階段形式」のLDKです。納め方はいろいろですが、左図のようにダイニングとリビングの間に階段を挟むと、両空間の領域性がよりはっきりします。面積は階段を含めて約20畳。なお、リビング階段は一種の吹抜けになるので、冬は階段を伝って上部に熱が逃げていきます。断熱・気密設計がしっかりしていない住宅は、竣工後にクレームとなるおそれがありますので、十分ご注意ください。

和室を足すなら「小上がり」も視野に

リビングの一角に和室を設けるのは、昔からおなじみの間取りの一つです。洗濯物を畳んだりアイロンを掛けたり、ちょっとゴロ寝をしたりと、畳の部屋は生活のさまざまなシーンで重宝されます。23畳程度の広さがあれば、押入れ付きの小さな和室が導入可能です。ただし、和室を設けるとソファの置き場所に困ります。いっそ和室を小上がりにして、そこに腰掛けるスタイルにしてもいいかもしれません。

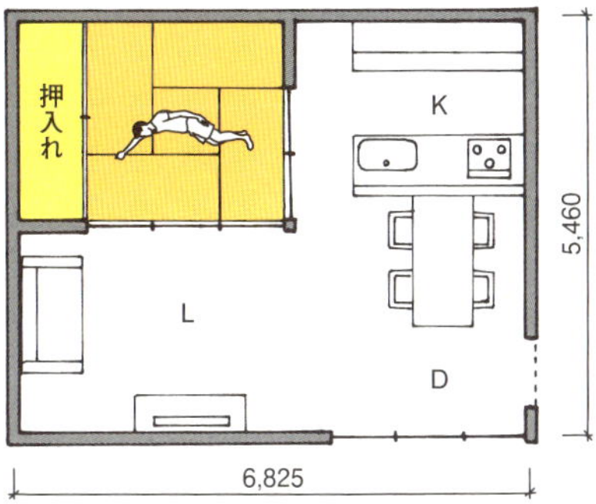

何事も基本さえ押さえておけば、あとは自由になるものです

階段とセットで真ん中に。

ゾーニングが一段落し、間取りの原型がなんとなく見えてきたら、今度はツボを押さえる番です。間取りの機動力を左右する「玄関」「階段」という二つのツボを、ある法則に従ってギュッと押さえるのです。

私だけかもしれませんが、初詣などで訪れる神社は、入口の鳥居から拝殿までの距離が遠ければ遠いほど、ありがたみが増すような気がします。けれど住宅の場合、玄関から各部屋までの距離が遠くなると、増えるのは廊下ばかりでちっともありがたくありません。部屋から部屋へスピーディーにアクセスできること。これが住宅でのありがたみではないでしょうか。ゆえに、「玄関と階段は建物の中央付近に配置する」――ありがたい間取りをつくる法則です。出発地が中心にあれば、どの部屋にも最短でたどり着けます。だらだらと長い廊下にご利益はないのです。

真ん中玄関のありがたみ

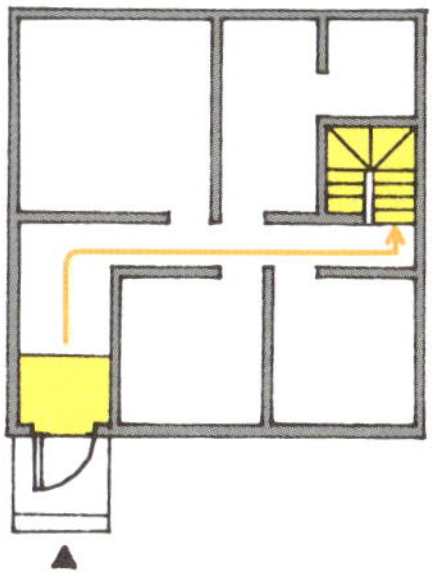

× 玄関を隅に配置
＋階段まで遠い
＝廊下が長い

玄関と階段を建物の中央付近に配置すると、廊下という「移動にしか使わないスペース」が削減されます。廊下が減れば、各部屋に割り振られる面積が増え、部屋が広くなります。間取りの構成上、廊下の存在は必ずしも「悪」ではありませんが、間取り検討の初期段階ではなるべく廊下が少なくて済む配置を考えてみてください。

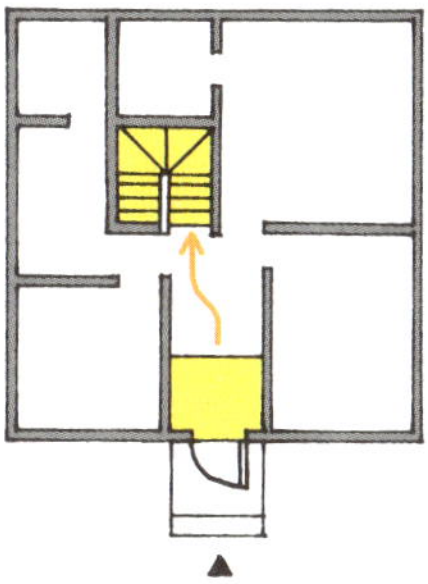

○ 玄関を中央に配置
＋階段まで近い
＝廊下が短い

真ん中玄関の2パターン

玄関を建物の中央付近に配置するパターンは、敷地入口からのアプローチを考えると、常識的には以下の2つしかありません。

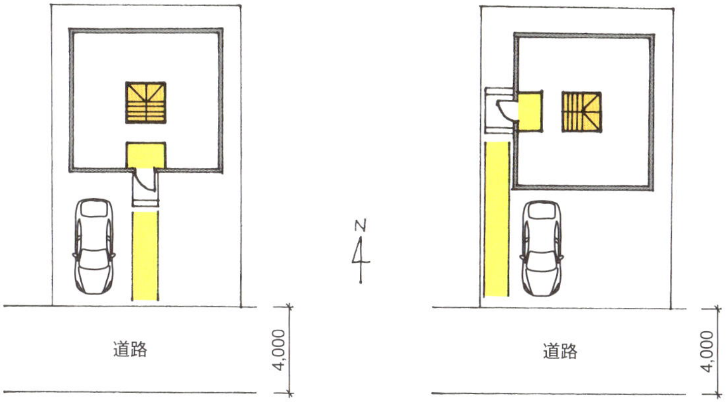

道路と正対する中央に配置

前面道路と正対する面の中央に配置するパターンです。きわめて普通のかたち。

側面から回り込んで中央に配置

敷地に余裕があれば、建物外周部に路地状のアプローチを設け、そこを経由して「中央玄関」にたどり着くかたちも考えられます。

「コーナー玄関＋中央階段」の弱点克服法

敷地条件の制約などから、玄関を中央に配置できないケースは多々あります。そんなときは、建物の隅に配置しながらも、「廊下が長い」というデメリットを克服する方法を探っていきます。

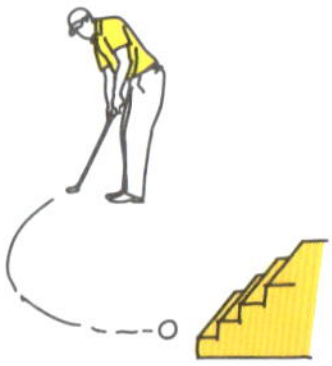

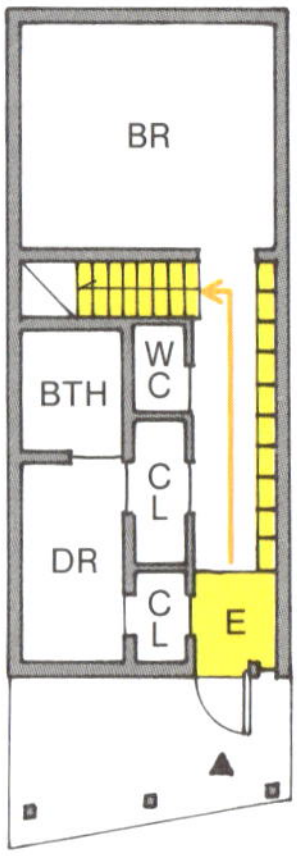

廊下が収納スペースを兼ねる

間口が狭く、奥行きが深いI型の建物でおすすめの方法がこれです。コーナーに配置した玄関と中央に配置した階段との間に廊下が出来ますが、廊下の幅を少し広げて収納の機能をもたせてやれば、長い廊下がムダになりません。

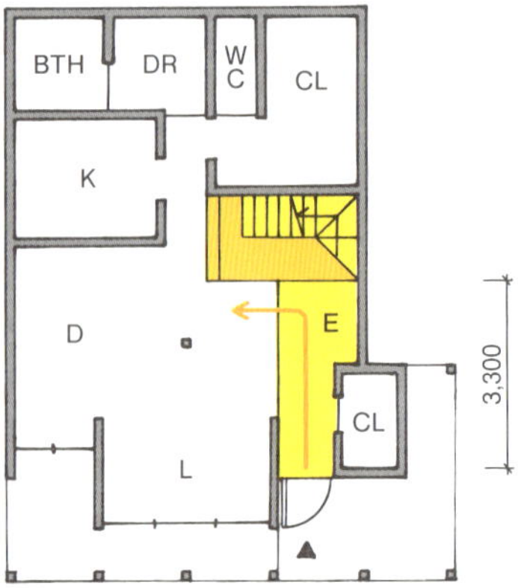

「土間玄関」を中央まで拡張する

玄関を「広めの土間」という扱いにして、建物の中央付近まで拡張させる方法です。各部屋への移動は、実質的に建物中央からスタートします。ある程度広い家でなければ難しい間取りですが、広い土間には自転車など大きなものを収納できるメリットもあります。

隅にあってもいいんです！

「えぇー！ さっきの話と違うじゃないか」と怒られそうですが、玄関を建物の隅に配置する間取りも実はそんなに悪くありません。敷地が狭い場合は、むしろ隅に置いたほうが間取りをまとめやすくなります。ただし、階段だけは相変わらず建物の中央付近に。これだけは死守してください。

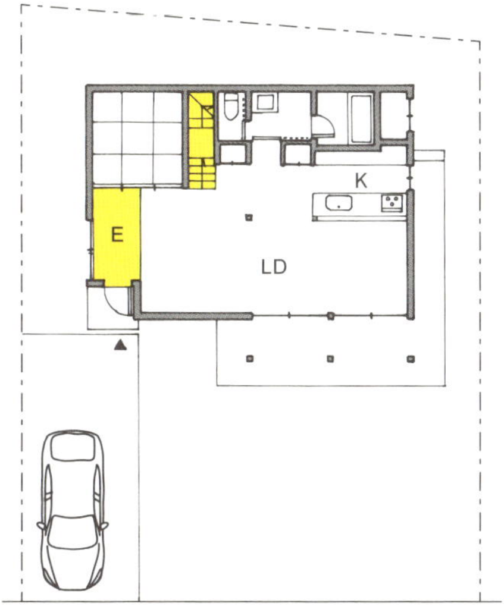

「コーナー玄関」のよいところ

建物の隅に玄関を配置すると、玄関までのアプローチが敷地の片側に寄るので、駐車場との位置関係がよくなります。駐車したクルマの裏側に玄関が隠れることもありません。動線が建物の真ん中を貫通しないので、部屋や庭を広くとれるようにもなります。また、建物の隅を少し欠くだけで、凹形の玄関ポーチが簡単につくれます。段差が生じる玄関の三和土《たたき》も、建物の隅なら配置しやすくなります。これらはすべてコーナー玄関のメリットです。

＝ とはいえ、まずは中央付近から検討を始めましょう

動線

クローバーなら、四つ葉じゃなくても。

「動線」という言葉はもともと建築の専門用語ですが、ここ最近はテレビや雑誌などが「良い間取りをつくるには、動線をしっかり考えないと！」と連呼してくれたおかげで、一般にも馴染みの深い言葉となりました。たしかに動線の計画は大切。だからこそシンプルに。大切なことほどシンプルに考えたほうがうまくいくものです。

そこで私がおすすめするのがクローバー形の動線。「玄関」のページで述べたとおり、玄関・階段を建物の中央付近に置き、その周りに各部屋を配置していく間取りにすると、動線が自然とクローバー形を描きます。玄関・階段がクローバーの「茎」となり、周りに部屋という「葉」を広げていくのです。大切なのはこれだけ。もちろん、四つ葉でなくても構いません。葉っぱが2つでも3つでも、クローバー形の動線ならそれだけで幸福が約束されます。

ほら、クローバーになるでしょ？

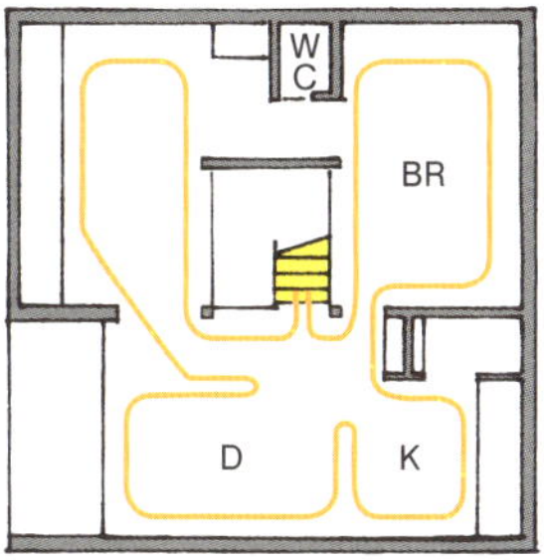

典型的な四つ葉のクローバー
建物の中央に配置した階段から、４つの部屋に動線が伸びていきます。ムダな廊下はほとんどありません。

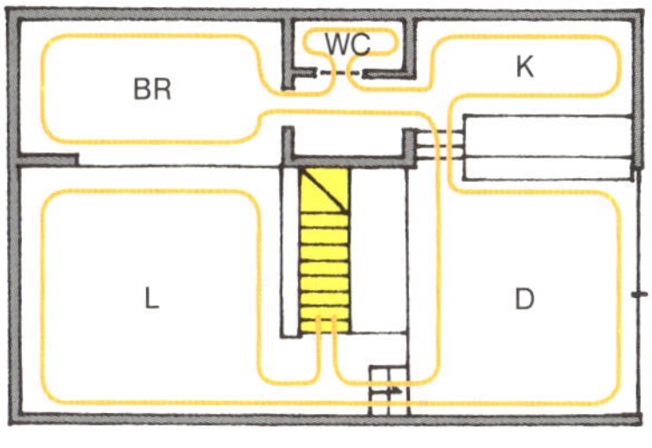

葉っぱからさらに葉っぱが生える
二葉のクローバー
階段を基点に動線が左右に伸びている間取りです。ダイニングからは、さらにキッチンの葉っぱが生えています。キッチンからは、さらにトイレの葉っぱが……。このように葉から葉が生える動線は、クローバー形動線の応用篇。水廻りを裏側に隠したいときに有効な動線です。

クローバー動線の間取りを描こう

では、クローバー形の動線を意識しながら、シンプルな間取りをつくってみましょう。「建築面積16坪・総2階の家」という設定でやってみます。

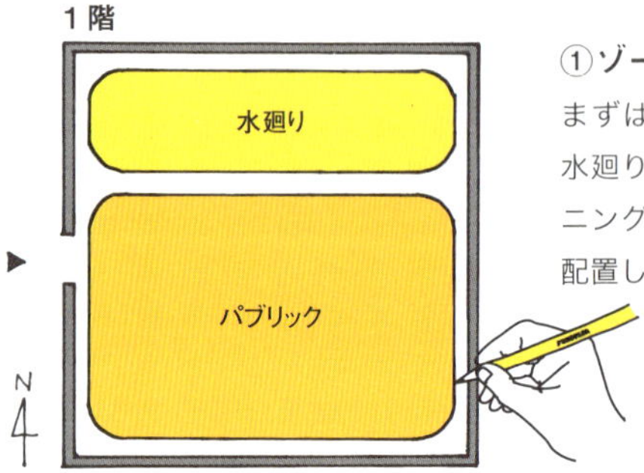

①ゾーニングする

まずは、1階南側にパブリックゾーン、北側に水廻りゾーンを配置するオーソドックスなゾーニングをしてみます。玄関は西側の中央付近に配置します。1階はひとまずこれで終わり。

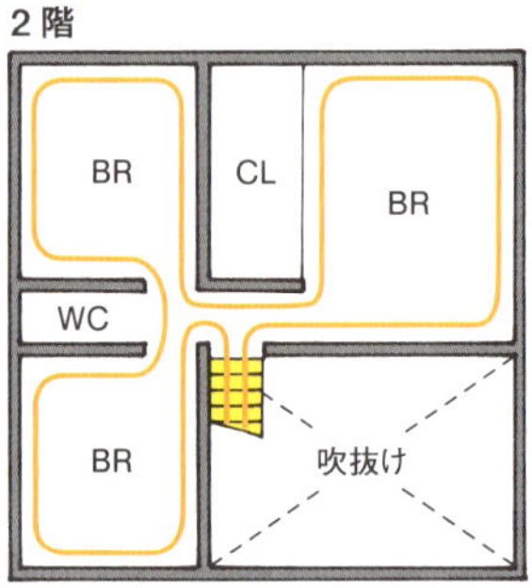

②2階の階段位置を先に決める

次に2階へ移ります。寝室階（2階）は部屋数が多くなるので、2階から先に決めていくと階段の位置や形状も自動的に決まります。今回は素直に南側から2階中央部へ上がる直進階段を配置しました。そのうえで、階段から直接アクセスできるように各部屋を割り振ります。ここまで描ければ2階の間取りは完成。再び1階に戻ります。

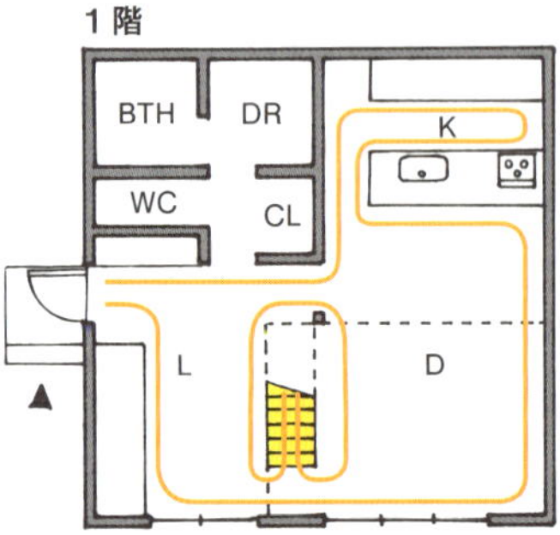

③ゾーンの中身を考える

階段の位置が決まれば、各部屋の配置も考えやすくなります。この家は階段がパブリックゾーンを左右に分割しました。東側は吹抜けにしましたが、吹抜けの下はダイニングを配置するのがよさそうです。LDの位置が決まればキッチンの配置も決まりますね。あとは、クローバー動線になるよう間仕切壁の位置を調整していくだけです。

延床面積28.5坪の家ですが、4人家族がのびのびと暮らせそうな3LDKができました。

クローバーの２大品種

クローバー形の動線は、大きく分けて以下の２タイプに集約されます。

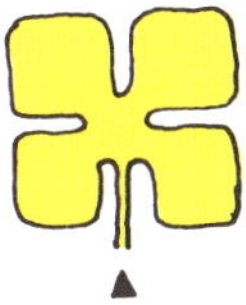

階段中心型

コンパクトにまとめた玄関ホール・短い廊下・階段から、動線が各部屋に枝分かれしていくタイプです。一般的にはこの形になるでしょう。

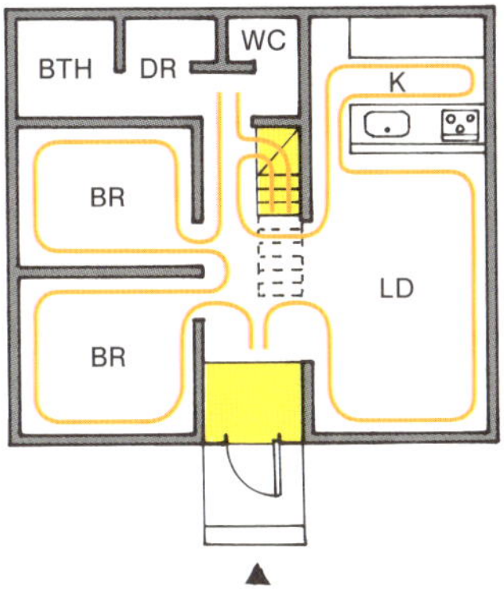

移動専用の空間が少ないので、面積にムダが出ません。各室のプライバシーや落ち着きにも配慮された間取りです。

リビング・ダイニング中心型

クローバーの中心にリビング・ダイニング（ＬＤ）を据える、ちょっと特殊なタイプです。ＬＤに玄関を直接接続するので、移動空間のムダが省けます。

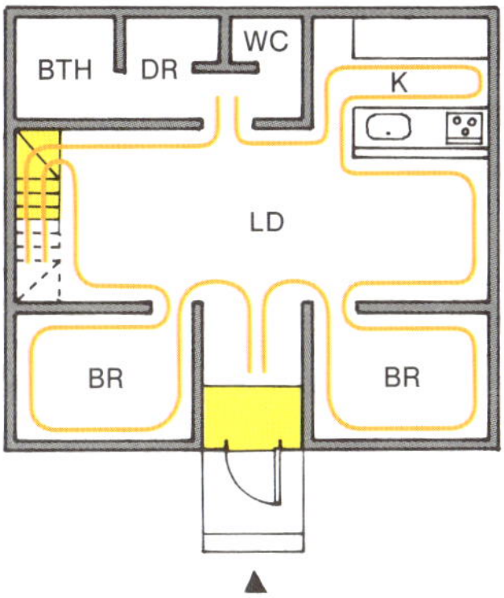

ただし、水廻り各室のドアがＬＤに面してしまうので、クローバーの「茎」の形を調整するなどして、工夫しないといけません。

＝ まずは動線の「茎」をつくるところから

つかず離れず。

「いらっしゃいませ」。お店に入ると間髪入れず真横に張りついてくるアパレル店員っていますよね。鬱陶しいものです。かといって、ずっと放置されるのもそれはそれで困りもの。おそらく売上げのよい店員とは、お客様との距離感を適度に保つ術《すべ》を身につけている人なのでしょう。適度な距離感が求められるのは水廻りも同じこと。リビング・ダイニングと水廻りの距離感、各室からトイレまでの距離感、洗濯機から物干し場までの距離感など、水廻りをどこに配置するかによって、日常生活の利便性や家事動線の効率は大きく変わってきます。

「滞在時間は短いが、使用頻度は高い」――たとえばトイレや洗面室は、一日に何度も出入りする場所です。いつも近くにほしいわけではありませんが、遠くにあるのは不便かも？　つかず離れずの関係を探っていきましょう。

水廻り内部の距離感

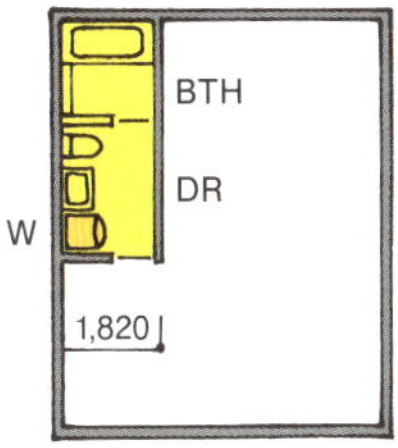

①オールインワン型

トイレ、洗面台、洗濯機、収納をすべて洗面脱衣室内に納めるタイプ。2畳の浴室と合わせ、約5畳あればすべて納まります。ただし、トイレと脱衣室を一体化すると、トイレと浴室の同時使用が難しくなります。

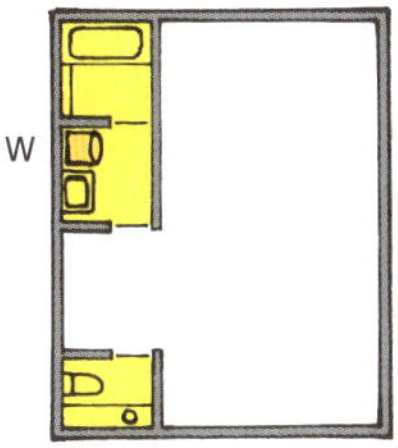

②トイレだけ独立型

オールインワンからトイレだけを切り離すタイプ。最もオーソドックスなかたちです。トイレと脱衣室の「同時使用問題」はこれで解決します。浴室と洗面脱衣室に必要なスペースはそれぞれ2畳程度。

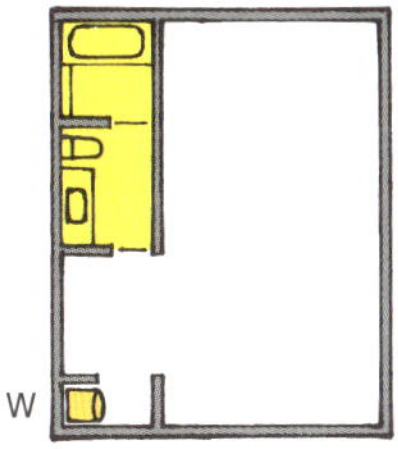

③ホテル型

オールインワンから洗濯機だけを追い出したタイプ。洗面台の幅が半間(910㎜)でよければ、洗面脱衣室は2畳で納まります。洗濯に浴槽の残り湯を使用しないという前提です。

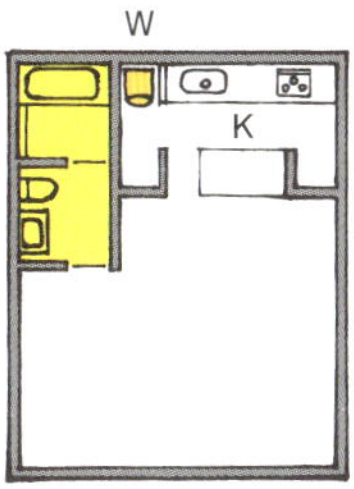

④洗濯機だけキッチンに同居型

オールインワン型から追い出された洗濯機が、キッチンに落ち着いたタイプ。洗濯と調理などが同じ場所でできるので奥様方には好評です。洗濯機は背の低いドラム式が前提です。

トイレ配置の「やってはいけない」

トイレは通常、水廻り全体の中にまとめるより、部屋として独立させる配置が多くなります。トイレを単独で配置する際は、いくつかのタブーがありますので覚えておきましょう。

リビングやダイニングとご対面

リビングやダイニングの真横にトイレがあるって……。どちらの側もなんとなく落ち着きません。

玄関とご対面

ジャーと流して出てきたところでお客様と鉢合わせ。互いに微妙な空気が流れます。イヤですよね。

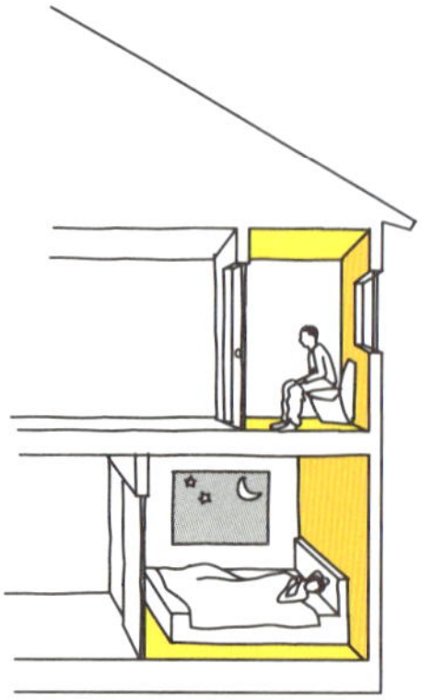

寝室の上につくらない

２階にトイレをつくる場合は、真下の部屋に気を配ってください。うっかり寝室を置いてしまうと、夜中に水の流れる音で目が覚めます。

寝室から遠い

２階の寝室から１階のトイレまでの距離が長いと、夜中のトイレが億劫になります。２階の寝室から近い位置に１階のトイレを置くか、２階にもトイレをつくるか、解決法は２つに１つ。

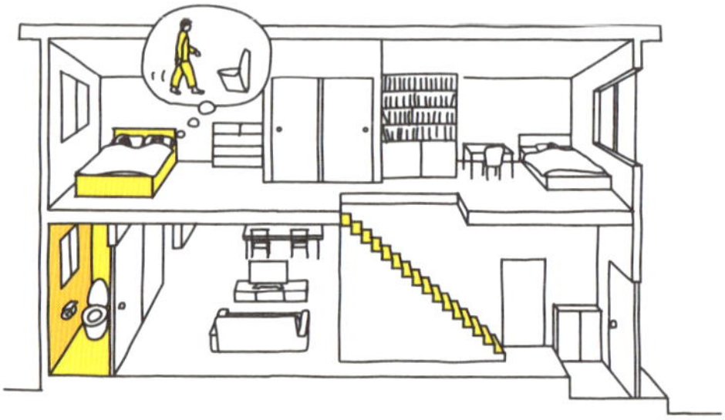

水栓は給湯器の近くに

水廻りは固めて配置するのが基本ですが、その理由の一つは「お湯」です。お湯をつくる給湯器から水栓（蛇口）までの距離は、長いより短いほうがいいに決まっています。なぜって？

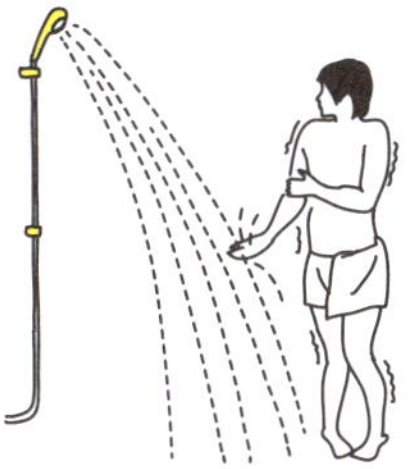

お湯がなかなか出てこない

たとえば、建物の外に置かれた給湯器と浴室までの距離が長すぎると、シャワーからお湯が出るまで、裸のままじっと待っていなければなりません。寒い冬ならカゼをひきます。洗面室やキッチンのお湯も、早く出たほうがいいですよね。だから「水廻りは固めて配置」。

×

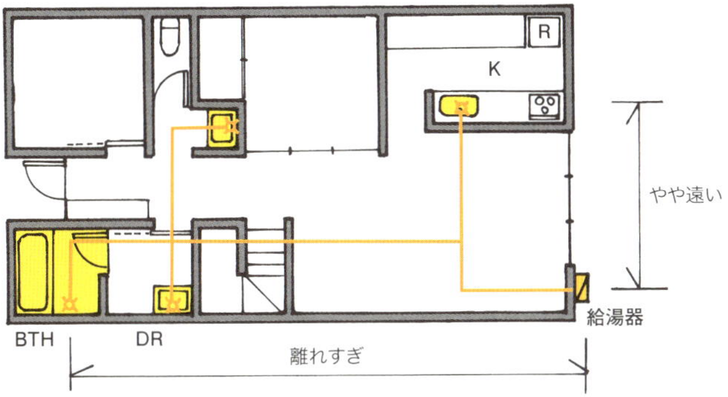

○

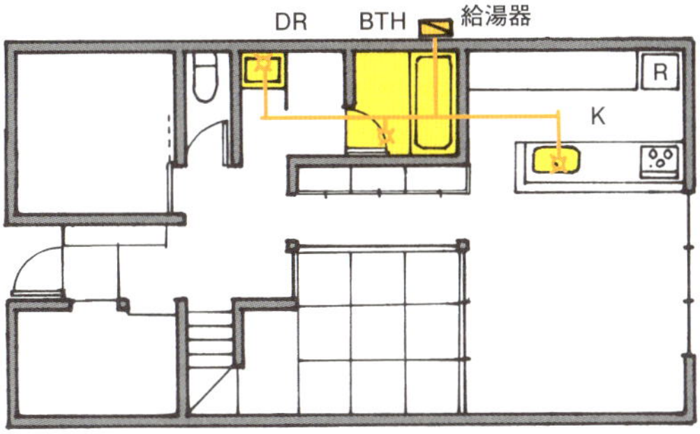

ちなみに、水廻りを固めて配置できなければ、もう一つサブの給湯器を設けるという方法もあります。

洗濯機と物干し場を近づける方法

家事ラク動線の画竜点睛

俗に「家事ラク動線」と呼ばれるものの一つに、「キッチンと洗濯機の距離を縮めて家事を効率的に」があります。たしかにそのとおりで、最近はキッチンの近くに洗濯機を置く間取りも増えています。ただ、どうせやるなら洗濯機から物干し場までの距離も縮めておかないと、せっかくのアイデアも中途半端に終わります。

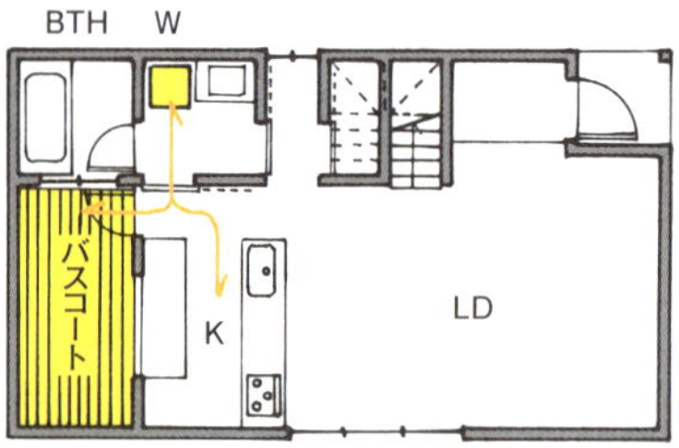

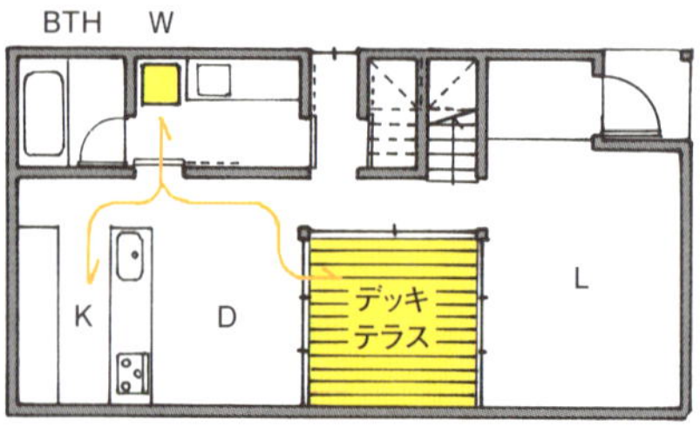

バスコートやデッキテラスを利用する

洗濯機をキッチンの近くに配置して、なおかつ物干し場までの距離を縮めるには、図のような方法があります。浴室や洗面室に隣接して設ける「バスコート」を物干し場として利用したり、キッチンの近くにちょっとしたデッキテラスを設けたりすれば、距離はぐんと縮まります。

洗面脱衣室にほしいもの

水廻りのなかでも、洗面脱衣室は収納のニーズがとくに高い場所です。タオルや洗剤はもちろん、下着や、その場ですぐに洗濯物を干せるハンガーなども、ここに置いておくと別の場所に取りに行く手間が省けます。こうしたモノを納めるには、洗面脱衣室内に幅800㎜（半間弱）、高さ1,800㎜以上の収納棚が必要です。洗面脱衣室は、少し広めくらいがちょうどよいサイズです。

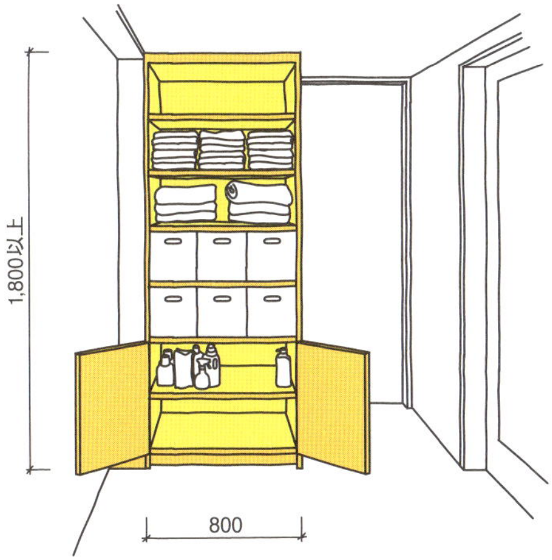

専用の室内干し場が確保できなければ、来客から見えない日当たりのよい窓際を、室内干し場に想定しておくとよいでしょう

室内干し場が併設できればベスト

洗濯機が置かれることの多い洗面脱衣室の近くには、ちょっとした物干し場があると助かります。主動線から外れた、でも日当たりのよい場所に物干しパイプを常設できないか検討してみましょう。

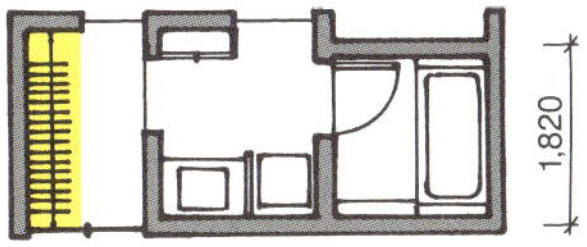

＝ 水廻りは遠い・近いの間合いを考える

「もう半分」で、ジャストフィット。

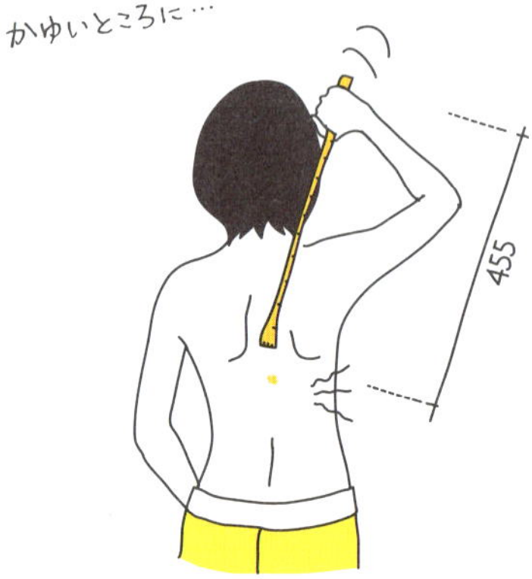

住宅の設計に使われるモジュール（基準寸法）は、昔も今も尺貫法《しゃっかんほう》の３尺《じゃく》をベースにした９１０㎜が一般的です。廊下やトイレの幅、押入れの奥行きなど、９１０㎜という長さは昔から私たちの日常生活にフィットしてきた万能の寸法といえます。建物をつくる材料も、多くは９１０㎜が基準です。けれど私は、その半分である４５５㎜を多用しています。ほとんどの住宅は、限られたスペースに個室や収納を効率よく設けなければならないため、９１０㎜という単位では少々大雑把すぎて「帯に短したすきに長し」な場所がいくつも出てくるからです。

「ごはん、おかわりしたいな……。でも一杯だと多いから半分だけ」という腹具合ってありますよね。その手の微妙な欲求を満たしてくれる、かゆいところに手が届く寸法。それが、４５５㎜という寸法の魅力です。

455㎜で刻みたい場所「寝室・廊下」篇

平面図（間取り）を細かく煮詰めていくと、455㎜という寸法が大活躍しそうな場所にたくさん出くわします。たとえば、こんなところ。

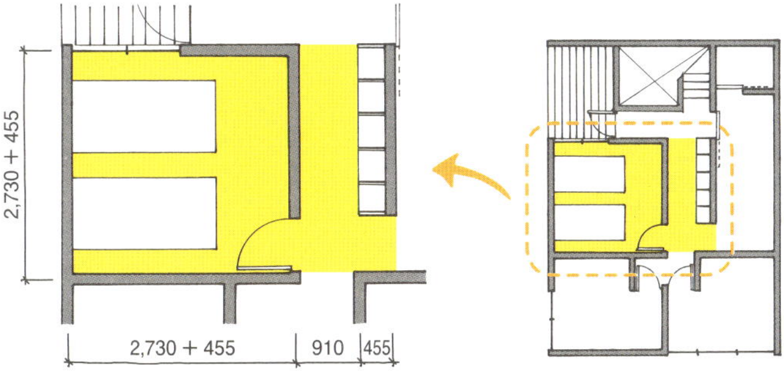

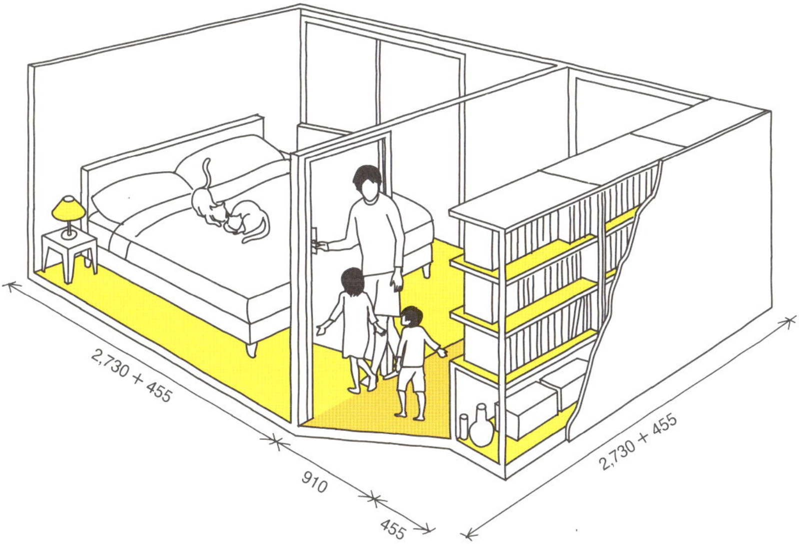

ベッドの周りを快適に

間口2間（3,640㎜）、奥行き1.5間（2,730㎜）という6畳の寝室は、ベッドを2つ置くと足元がとても窮屈になります（両サイドは余裕）。そこで、あと455㎜大きい奥行き3,185㎜にして足元に十分な余裕をつくります。これで快適な寝室の出来上がり。

廊下に収納スペースを設けたい

廊下の幅を910㎜で計画すると、壁を張って仕上げた後の実寸は770㎜程度まで狭まります。この幅は通路単体としては問題ありません。ただ、あと455㎜広い幅1,365㎜で計画しておけば、壁面に収納スペースを設けられます。

455㎜で刻みたい場所「ダイニング」篇

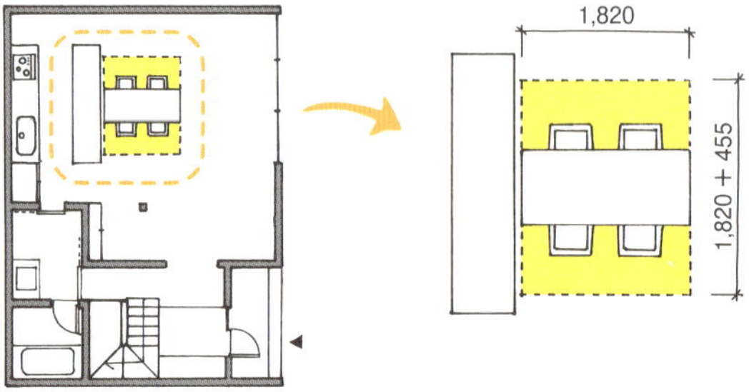

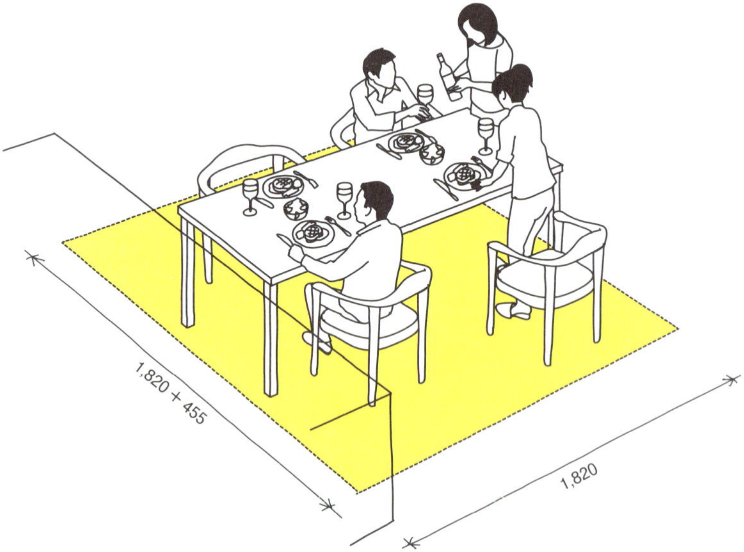

ダイニングチェアに「引き代《しろ》」がほしい

ダイニングテーブルのサイズは製品によってまちまちですが、少し大きめの800×1,800㎜程度のテーブルを置くと、1間角（1,820×1,820㎜）のスペースでは椅子に座ると「余白」がなくなります。椅子の後ろを人が通れるくらい空けておくには、あと455㎜大きい2,275㎜で計画しておきたいところです（これならギリギリ通れる）。これで椅子もラクに引けます。

455㎜で刻みたい場所「キッチン」篇

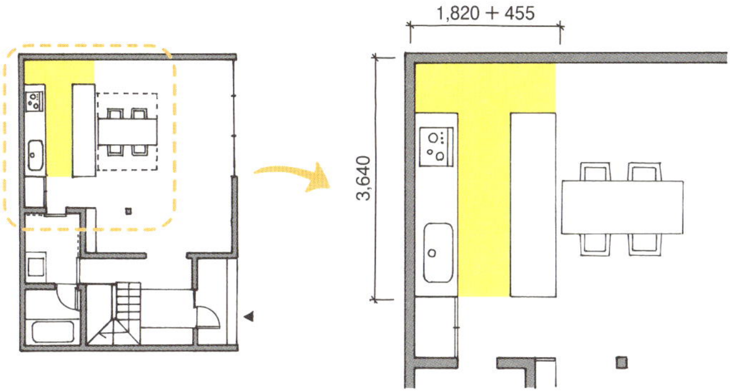

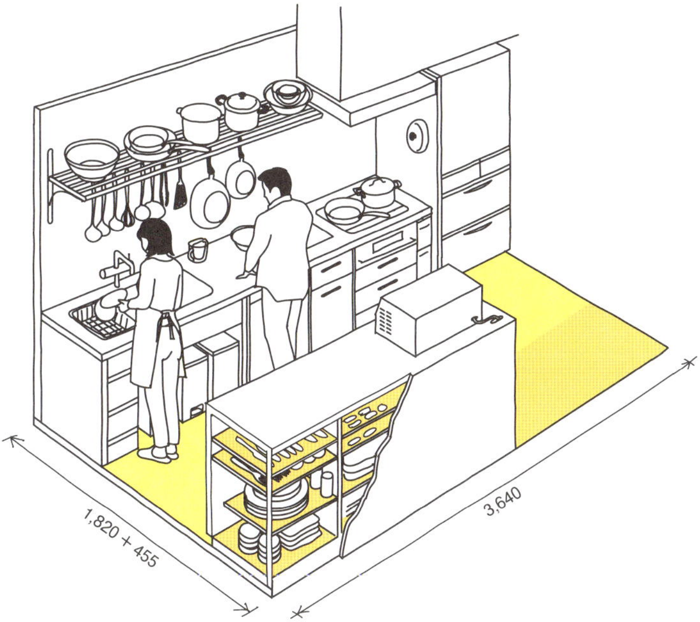

キッチンをジャストサイズでつくりたい

キッチンが調理だけの場所なら、スペース全体の奥行きは1間（1,820㎜）もあれば十分です。けれど、食器や食材などを収納する棚まできれいに納めたければ（通常は納めたい）、あと455㎜大きい2,275㎜で計画しなければ納まりません。これが、キッチンのジャストサイズ。さらに455㎜大きい2,730㎜にすると、今度は「微妙に余る」スペースができてムダが生まれます（大きな家ならそれでもよいのですが）。

1,365㎜の空間

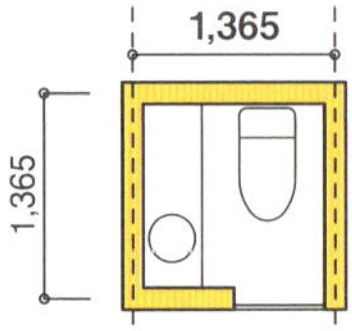

手洗い付きトイレ

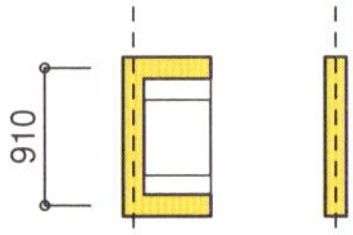

洗面スペース

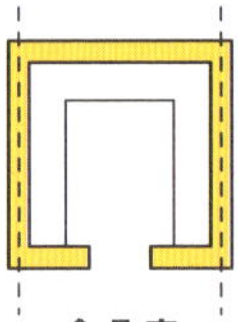

食品庫

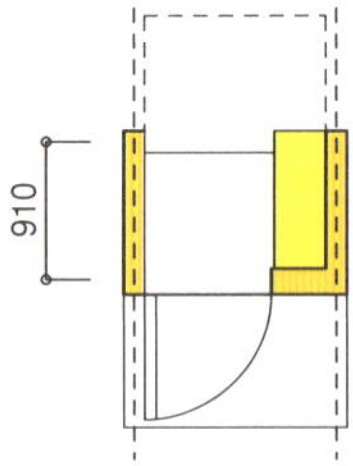

収納付き玄関

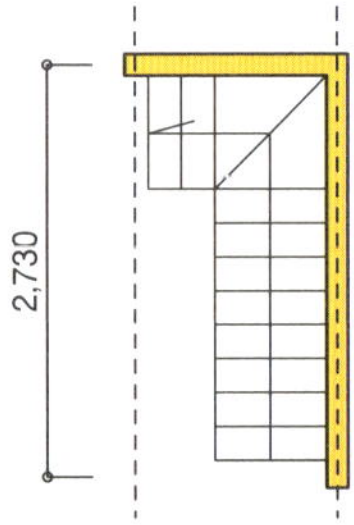

矩折れ階段

910㎜の空間

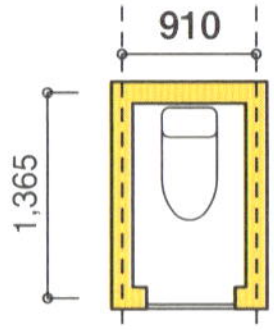

トイレ

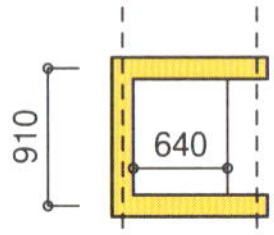

洗濯機置き場

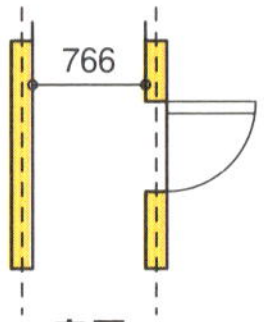

廊下

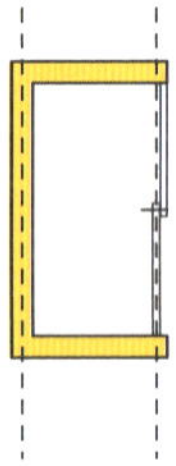

押入れ

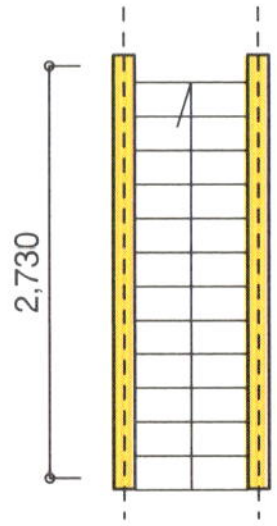

直進階段

住宅を構成する各空間の寸法は、一般的にはこれらが標準です。寸法ごとに４つのグループにまとめてみました。間取りを検討する際にご活用ください。

2,275mmの空間	1,820mmの空間

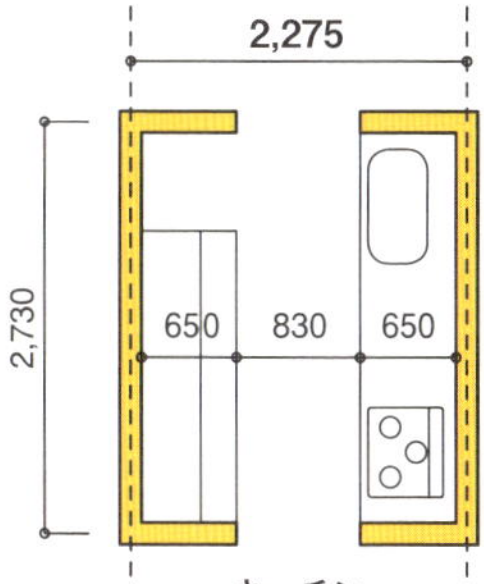

キッチン

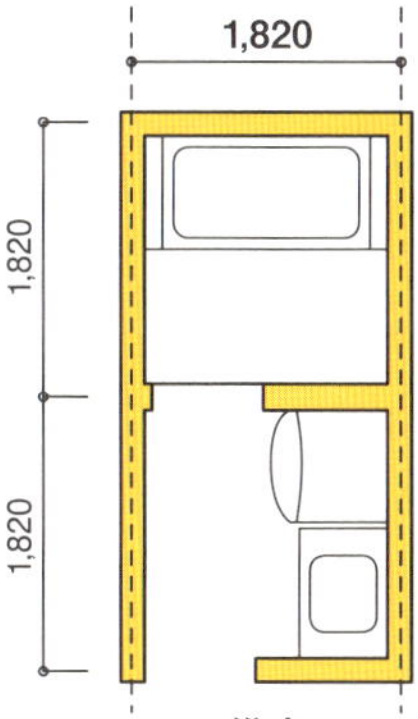

浴室

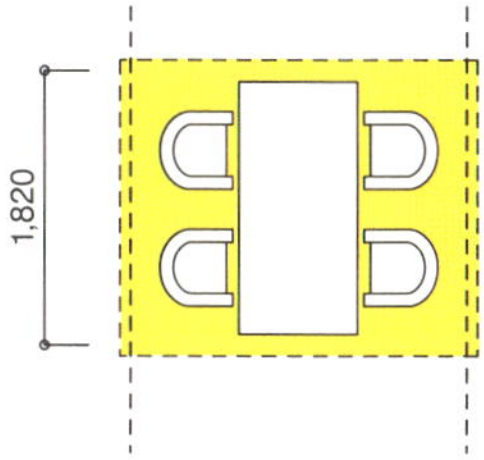

ダイニングスペース

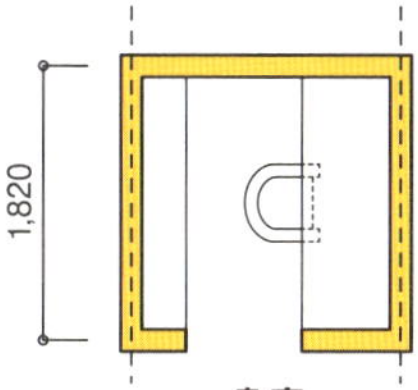

書斎

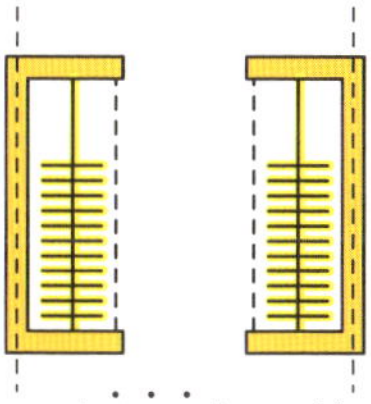
ウォークスルークローゼット

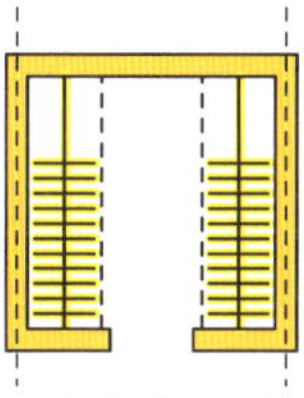
ウォークインクローゼット

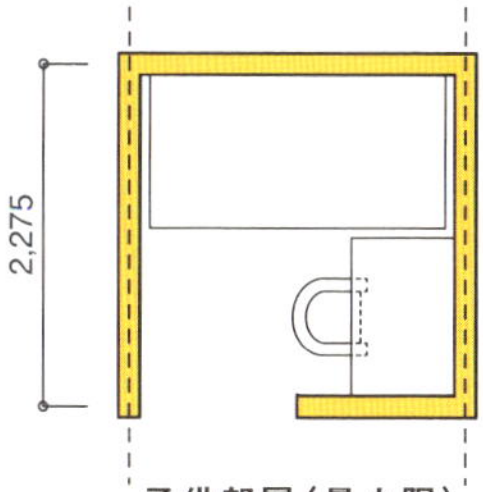

子供部屋（最小限）

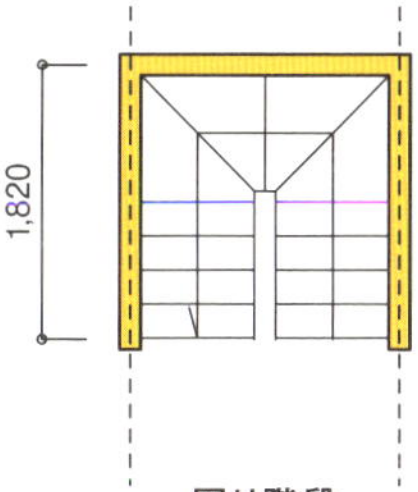

回り階段

＝ 455で小気味よい間取りに

間取りの模範解答1

「南側」に道路がある敷地なら…

セオリーどおりに最後まで

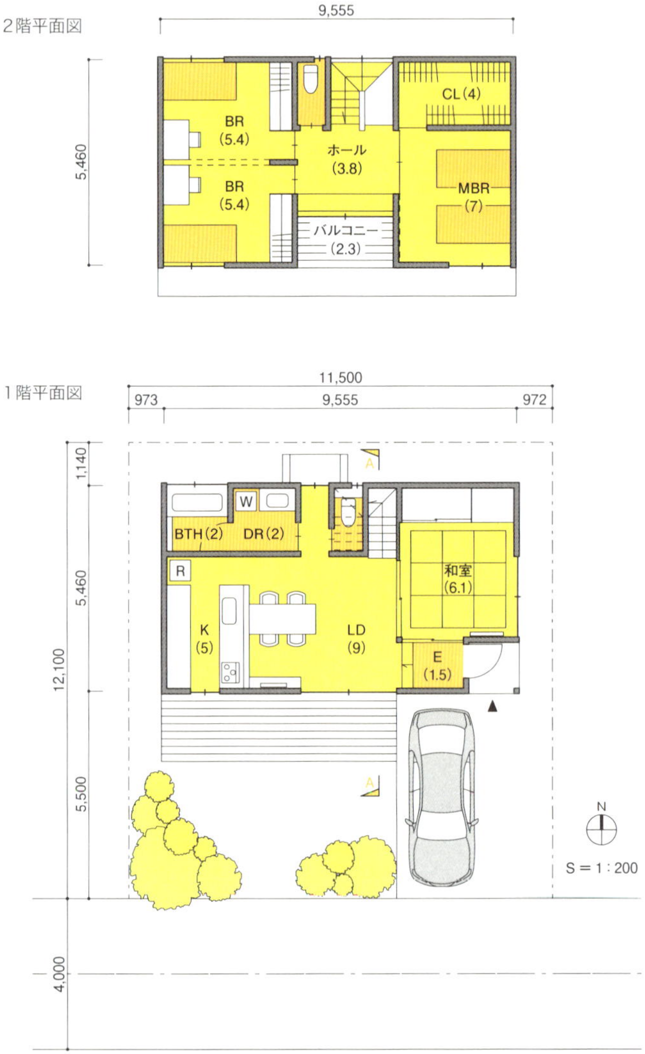

(　)内は畳に換算したときの畳数

これまでの“方程式”を踏まえ、敷地の条件ごとに想定される「普通の間取り」を考えてみました。まずは、道路が南側にある42坪の敷地です。間口が広く、ほぼ正方形の恵まれた敷地ですが、このようなケースでは南側に前庭を確保するのが定石です。建物形状は東西に広く、南北の奥行きは浅くして、庭の隣に駐車場を確保します。駐車場からのアクセスを考慮して、玄関は南東の角に配置しました。LDKは庭に沿って配置しています。水廻りはセオリーどおりウラ側の北面に集約。玄関がコーナーに配置されているものの、中央北側にリビング階段（回り階段）を設けているのできれいなクローバー形の動線を描けます。２階の階段正面には、物干しも含め多目的に使える奥行きの深いバルコニーを設けました。

A-A断面図

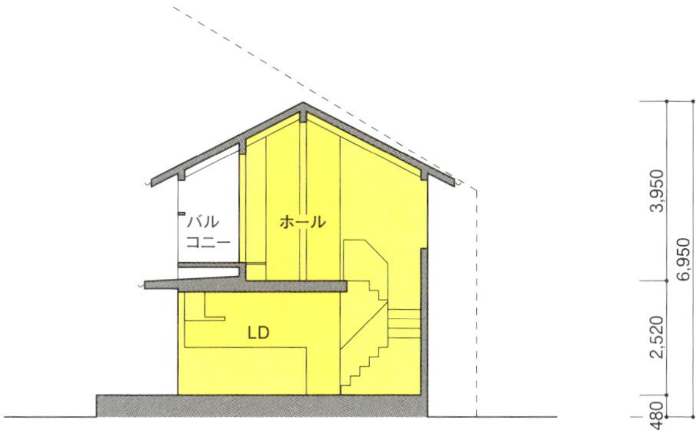

道路側（南側）立面図

敷地：42.1坪、１階：15.2坪、２階：15.8坪

住宅密集地なら南に吹抜けを

2階平面図

1階平面図

( )内は畳に換算したときの畳数

「東側」に道路がある敷地なら…

道路が東側にある、ほぼ正方形の36坪の敷地です。ただし、図面には表現していませんが、南側に隣家が迫っているので採光に工夫が必要な「悪条件の敷地」という要素を加えておきましょう。まず駐車場ですが、ここでは道路側に縦列形式で確保しました。駐車場と干渉しない東側の真ん中が玄関です。水廻りは道路から見えにくい西側に固めています。日当たりが良くない敷地ということで、中央南側に吹抜けを設けました。このおかげで、2階南側の吹抜けの窓とバルコニーの窓から入る光が吹抜けを通って1階まで落ちていきます。階段は吹抜けの中に設けています。

A-A 断面図

道路側(東側)立面図

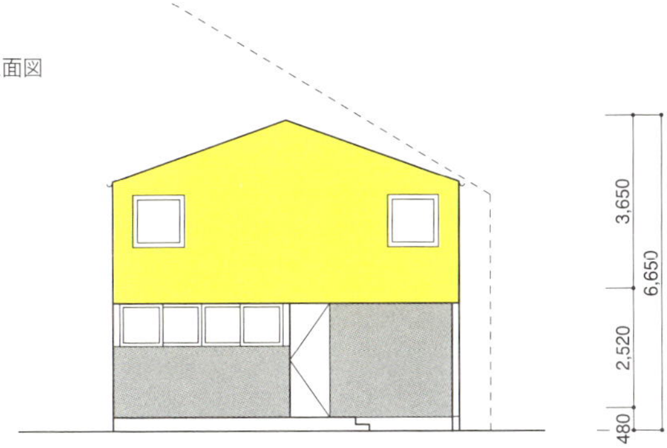

敷地:35.9坪、1階:14.7坪、2階:13.0坪

駐車場の南側配置はNG

(　)内は畳に換算したときの畳数

「西側」に道路がある敷地なら…

道路が西側にある、間口より奥行きのほうが深い39坪の敷地です。ここも、南側に隣家が迫っていて採光に工夫が必要な敷地としておきましょう。このような敷地は、建物を北側に寄せて東西に長くする形状が考えられますが、そうすると南側に駐車場を配置することになってしまうので、もったいない。日当たりの良い快適な場所は、クルマではなく人間のために活用したいものです。というわけで、駐車場は西側に配置します。南側をパブリックゾーンにするため、玄関と水廻りは北側に固めました。ただし、南に配置した庭の南北の長さが十分ではないので、これでは家の中まで光が入りません。そこで、建物の中央部に吹抜けを設け、２階の窓から採り込む光で家全体を明るくすることにしています。この事例でも、階段は吹抜け内に設けています。

A-A 断面図

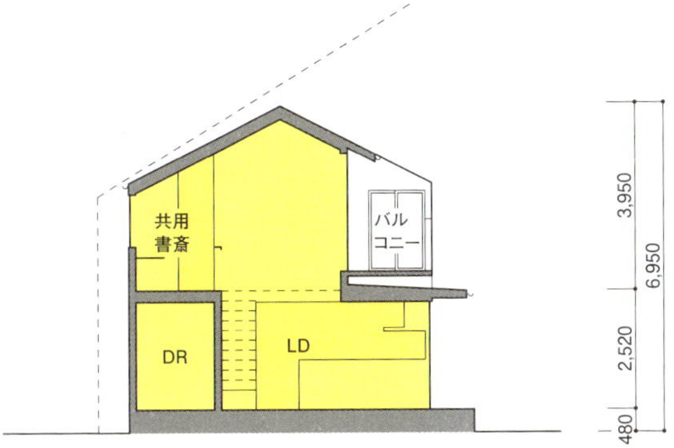

道路側（西側）立面図

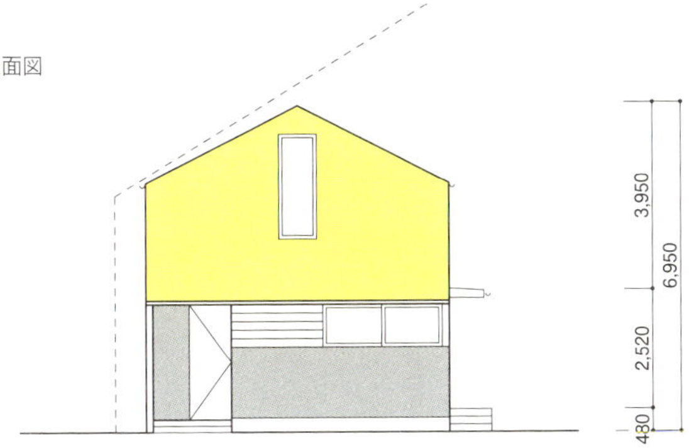

敷地：38.8坪、１階：16.9坪、２階：15.0坪

「北側」に道路がある敷地なら…

2階リビングを検討したい

( )内は畳に換算したときの畳数

道路が北側にある、間口が狭く奥行きが深い33坪の敷地です。セオリーどおり、駐車場は縦列形式として、建物ともども北側に寄せています。玄関は、駐車場を避けた北東の角に配置、水廻りは西側の中央付近に集約しました。駐車場、建物を北側に寄せたものの、南側の庭はそれほど広くありません。これでは十分な採光が期待できないため、LDKは２階に配置しました。吹抜けと階段は東側の中央部です。ダイニング南側の大きな窓、吹抜け上部に設けたハイサイドライトから採り込んだ光が、吹抜けを通って１階まで落ちていきます。玄関と階段の間には、自転車やベビーカーなど大きなものを収納できる広い土間を設けました。

A-A 断面図

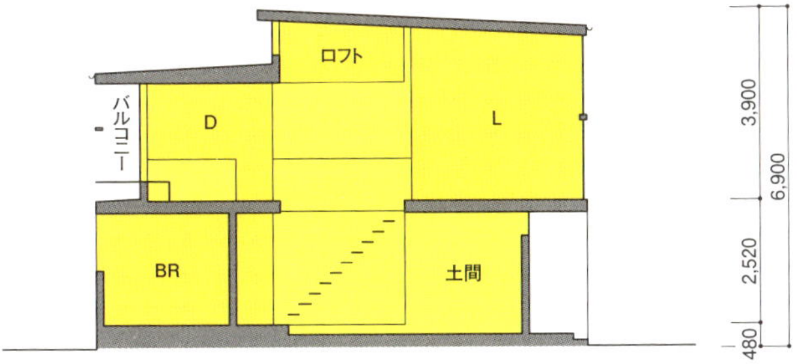

道路側（北側）立面図

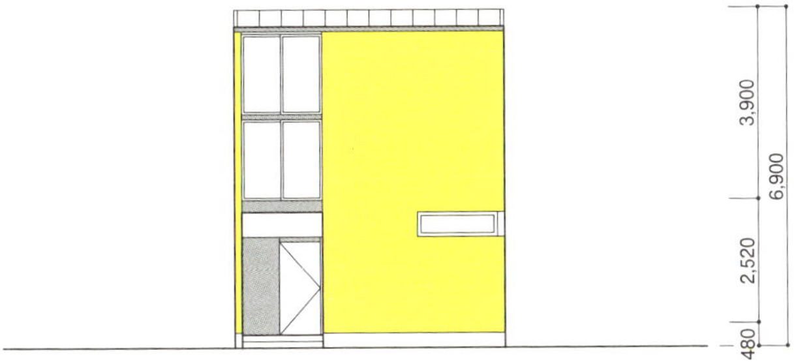

敷地：33.7坪、１階：15.9坪、２階：14.9坪

STEP 3

間と間のあいだを操ろう

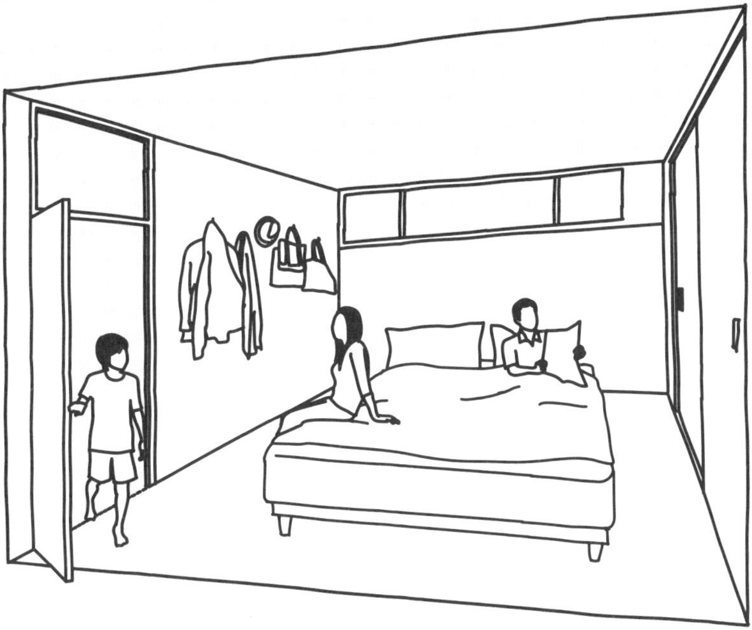

若手とベテランの設計者をくらべて、
「間取りに最も差が出る部分はどこか？」
と問われれば、
私は迷うことなく“間《ま》”と答えます。
部屋と部屋の間、室内と屋外の間、
人と自然の間など、なにかとなにかの
境界には、かならず間《ま》が生まれます。
この間《ま》を上手にデザインできれば、
間取りは飛躍的に洗練されていきます。
間取りとは文字どおり、
「間の取り方」「間のデザイン」
でもあるのです。

足し算？ いいえ、割り算です。

建築学科の学生に住宅の図面を描かせてみると、最初のうちは多くの小部屋を廊下で結ぶ、マンションのような間取りを描く人がほとんどです。おそらく、「床・壁・天井で囲まれた小部屋を組み合わせると住宅になる」という固定観念に縛られているのでしょう。

敷地が広ければ別ですが、限られた面積の中に少しでも伸び伸び暮らせる住宅をつくりたければ、「大きなワンルーム空間を必要に応じて間仕切る」という発想が不可欠です。家族が集まるＬＤＫは仕切らない、寝室や水廻りは家族といえども見られたくないので仕切る。そんな処理をしていくと、余計な間仕切壁はなくなります。

足し算ではなく割り算――小空間の足し合わせではなく、プライバシーのレベルに応じて空間を分割し、間仕切っていく作業が、間と間のあいだを操る第一歩になります。

写真を見れば一目瞭然

× 間仕切壁が多い家

プライバシーは確保されますが、いかにも狭苦しい感じ。

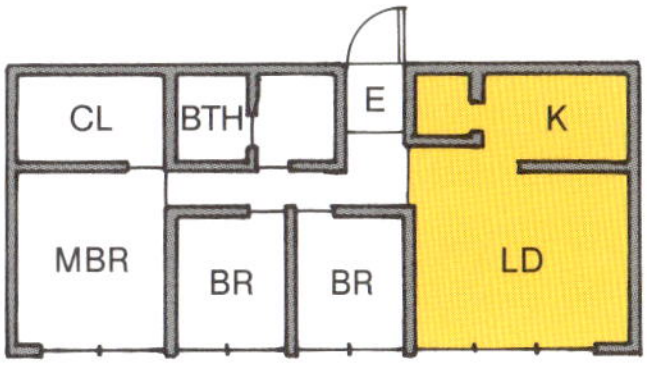

○ 間仕切壁が少ない家

明らかに開放感が高まります。間仕切るのは必要な場所だけに。

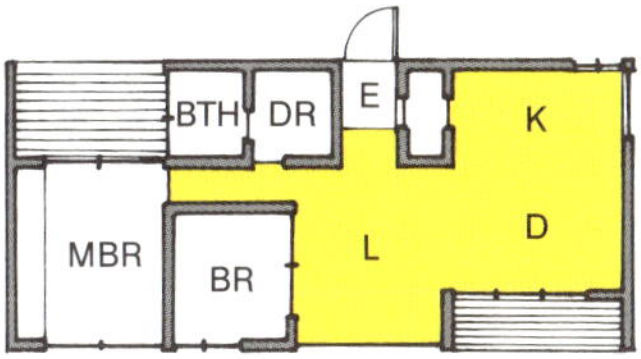

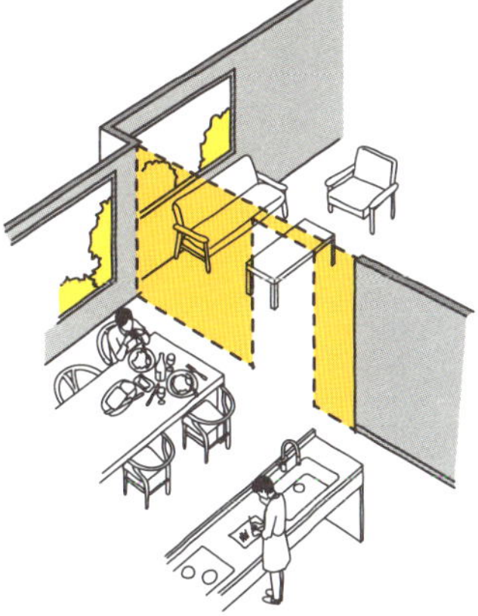

間仕切りのいらない場所は？

間仕切壁の有無はプライバシーの強弱で決めていきます。どこを開いて、どこを閉じるかは、大きく３つのグループに分けて考えるとよいでしょう。

（次ページに続く）

間仕切りなしでもよいところ

LDK・多目的コーナー

パブリックゾーンとなる「リビング・ダイニング・キッチン」の３部屋は、間仕切りなしでＯＫです。そのほか、小さくてもよいのでパソコンを使えるような多目的コーナーを設けておくと、間取りに深みが増してきます。

利用頻度の低い廊下や階段室の面積を小さくすると、大きなワンルーム空間をつくりやすくなります

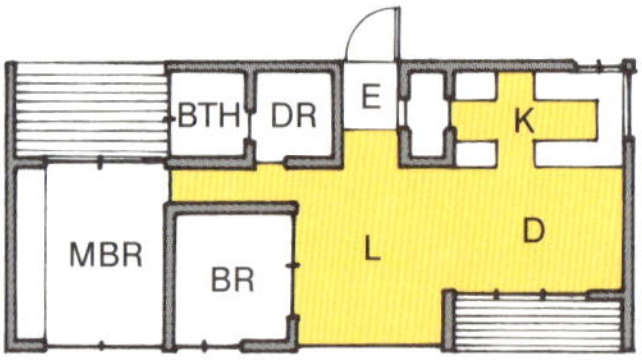

間仕切りがないと困るところ

水廻り・寝室・収納

「洗面脱衣室・浴室・トイレ」「寝室」は、視線・音・におい・湿気など、さえぎりたいものがたくさんあるので間仕切壁を設けます。ただ、完全に閉じてしまうと閉塞感が強まるので、配置や動線には配慮が必要です。片づけが苦手な家庭は、収納スペースにも間仕切りがあると美しく暮らせます。収納は「見せる収納」「見せない収納」をはっきり決めておくとよいでしょう。

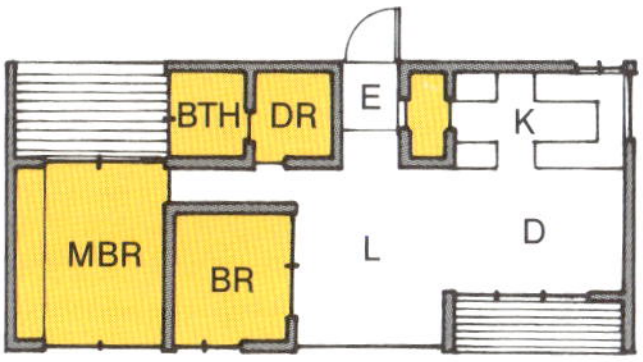

部屋にする? コーナーにする?

子供部屋 or 子供コーナー

子供部屋や書斎は、間仕切っても間仕切らなくてもよい部屋といえます。半オープン状態の「子供コーナー」「書斎コーナー」にしても悪くありません。子供の成長に応じて間仕切壁を入れるというフレキシブルな対応でもよいでしょう。小さいうちは、「子供コーナー」のほうが断然愉しいですよ。

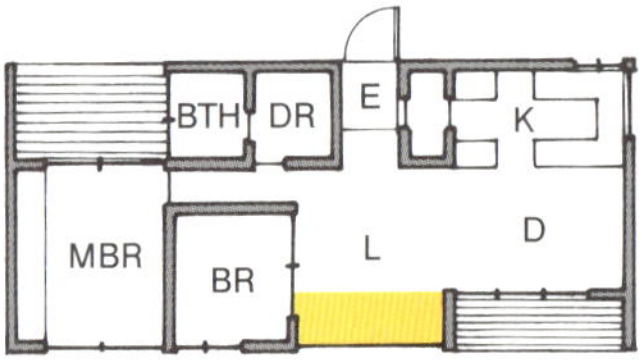

引戸は透明度で使い分ける

間仕切りの代わりになるのが引戸です。必要に応じて開閉できる引戸は、「透明度で使い分ける」とさらに細かな演出が可能になります。

気配すらさえぎる「不透明」引戸

不透明の引戸を用いるのは、水廻りや寝室など視線や光をさえぎりたい場所です。基本的には「壁」なので、引戸のあちらとこちらで気配すらも遮断します。ただし、トイレや洗面室は照明の消し忘れ防止のため、引戸に小窓を設けて小さな明かりが漏れるようにしておいてもよいでしょう。

視線だけさえぎる「半透明」引戸

光や音は通したいが視線だけはさえぎりたい場所に適するのが、障子に代表される半透明の引戸です。完全に閉めても気配だけは伝わるので、閉塞感を感じさせません。障子の上に欄間を設ければ、開放感はさらに増します。和室、客間、室内物干し場など、一時的に仕切りたい場所に使うのがおすすめです。

音だけさえぎる「透明」引戸

やや特殊な例ですが、視線や光は通したいが音だけはさえぎりたい場所（音楽室など）に有効なのが透明の引戸です。特に遮音性を重視するならアルミサッシを使います。ぜひ木製で、ということなら、引戸ではなくはめ殺しの窓にするという手もあります。

まだある！ 引戸の可能性いろいろ

格子戸にして“効かせる”

木製の格子《こうし》で組む格子戸は、光・風・気配は通すものの、視線はある程度さえぎります。玄関廻りに配置すると適度な目隠しになってよいでしょう。さらに、同じ場所に不透明の引戸を並置すれば、格子戸と不透明引戸の組み合わせで、さまざまなモードに切り替えながら使用できます。

「動く壁」で大胆にチェンジ

引戸というより「動く壁」といったほうがよさそうな大型の引戸は、開けたときの開放感が格別です。重量の軽い木製引戸なら大型化も比較的容易。ただ、木製の建具は時間とともに反りが出るので、引戸どうしに十分なクリアランスを取っておかないと動きが鈍くなります。

引戸 ― 引戸 ― 引戸

大開口を複数枚の引戸で仕切る、旅館の宴会場のような間仕切り方です。引戸の枚数分レールを設けられる余裕があれば、検討の価値あり。

間仕切りなしは断熱性能が大前提

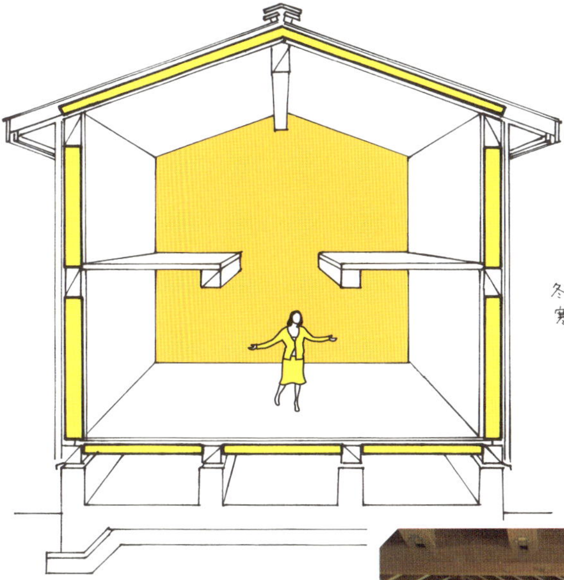

見た目だけねらうと失敗しますよ

間仕切壁の少ない間取りは、極端にいえば「家全体が大きな一室空間」になります。ということは、断熱・気密の設計がしっかりできていないと、冷暖房の効率が著しく悪化するということです。間仕切壁が少ないせいで冬場に寒い思いをするのはツライもの。最低でも、「省エネ対策等級4」の高気密・高断熱仕様が求められます。

＝ その間仕切り、本当に必要でしょうか?

中間領域

ウチでもない、ソトでもない。

古くはカフェテラス、最近はオープンカフェと呼ばれるようですが、お店と道路の間にテラス席を設ける喫茶店がこのところ増えてきました。理由は言わずもがな。室内でも屋外でもないあの空間は、開放的な気分が高まって心地よいひとときが過ごせるからです。

屋外は、必ずしも快適な場所とはいえません。雨が降ったり風が吹いたり、道行く人の視線が気になったりすれば、すぐさま居心地の悪い場所に早変わりします。だからといって、引きこもっているのも愉しくない。そこで、屋外がもたらす負の要素を排除しつつ、心地よさだけは十分享受できるように整える場所、それが「中間領域」です。たとえば軒下《のきした》は、雨や日差しをさえぎる軒の出が、半屋外空間独特の空気感でわれわれを包み込んでくれます。内でも外でもない曖昧さが、柔らかな緩衝地帯をつくるのです。

軒下＋縁側という最強コンビ

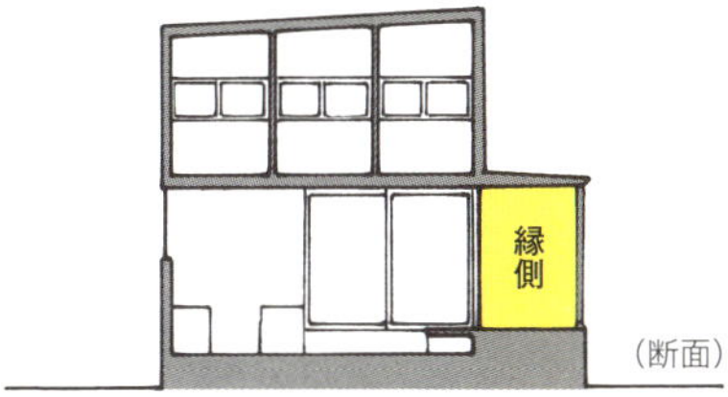

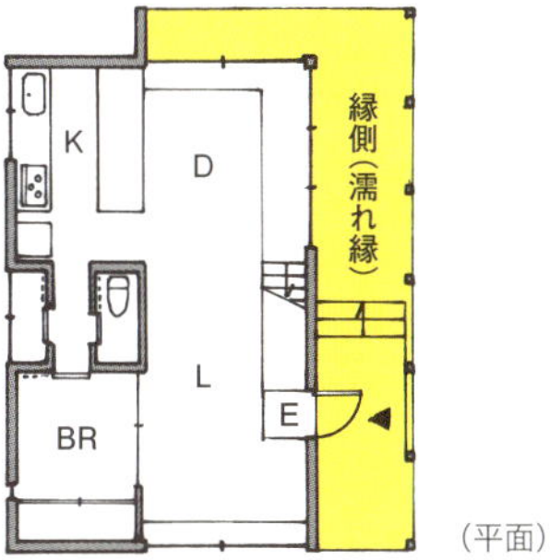

1間（1,820㎜）あれば効果テキメン

内と外の中間に位置する伝統的な仕掛けといえば「縁側」です。縁側は奥行き半間《げん》（910㎜）でも十分機能しますが、その倍の1間《けん》（1,820㎜）あると、内外の境界が一層曖昧になって効果テキメン。縁側の上に同じ寸法で軒や庇を出せば、屋外なのに室内にいるような絶妙な快適空間が生み出されます。

都市部ではバルコニー＋壁がおすすめ

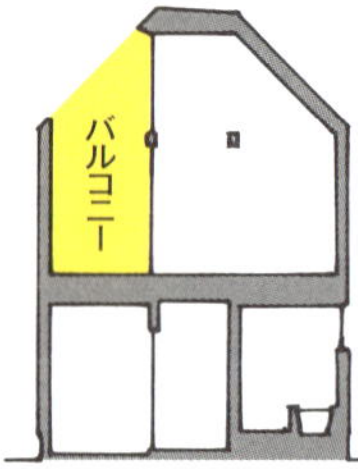

（断面）

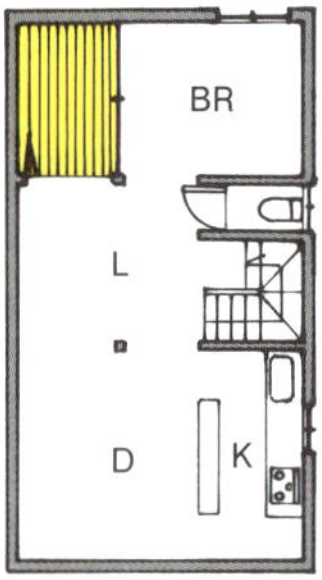

（平面）

周りを囲んでやるだけで…

近隣や道路からの視線が気になる都市部の住宅地では、周囲からの視線をさえぎるようにつくる「バルコニー」が半屋外空間の定番です。四角い「豆腐」の一部を凹ませて周りを高い壁で囲んでやれば、室内の延長を思わせる半屋外が出現します。

ライトな土間も悪くない

床材を変えてみるだけで…

「土間」も昔からある半屋外空間の定番です。ただ、狭い敷地で本格的な土間のある家をつくるのは現実的でないかも……。そんなときは、室内の床を石やタイルに変えて、屋外から連続する「土間的な空間」として仕立てる方法が使えます。室内に屋外が引き込まれたような雰囲気になり、部屋に居ながら外の気分を味わえます。

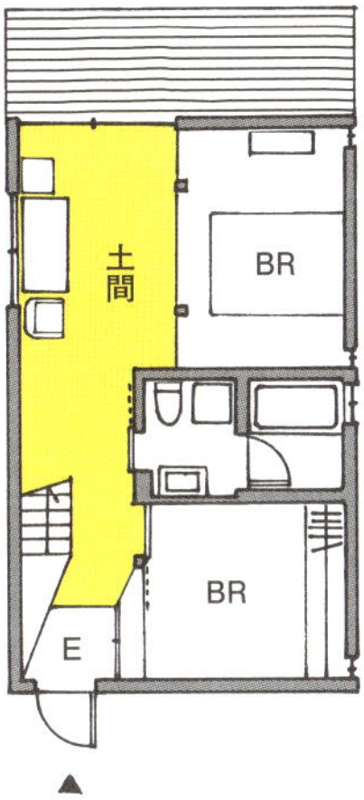

基本的には室内という扱いなので、土足での利用は想定していない場所です

＝ 室内なのに「開放感」、屋外なのに「守られ感」をつくり出せれば合格です

抜け

先が見えれば、安心です。

「間仕切壁を減らす」「中間領域を充実させる」。この二つを盛り込むだけでも、あなたの間取りは凡庸な類型から一気に抜け出せます。でもどうせやるなら、この二つを統合・整理して、もっとダイナミックな間取りを構想するのはいかがでしょう。室内に「抜け」をつくるのです。抜けとは、建物の端から端までが一直線に見渡せる状態のこと。窓を介して屋外まで抜ければ完璧です。

「先行き不透明」——現代社会を評する常套句ですが、せめてわが家だけは先々まで明るく見通せる〝通り〟がほしいものです。そこを風が抜け、光が抜け、視線が抜ければ、どれほど穏やかな気持ちになれるでしょうか。せっかく間仕切壁を減らしても、抜けの「つらぬき具合」が中途半端ではその効果も半減。建物の形を決めたら、まず抜けの方向を確認しておくとよいでしょう。

「貫く棒の如きもの」

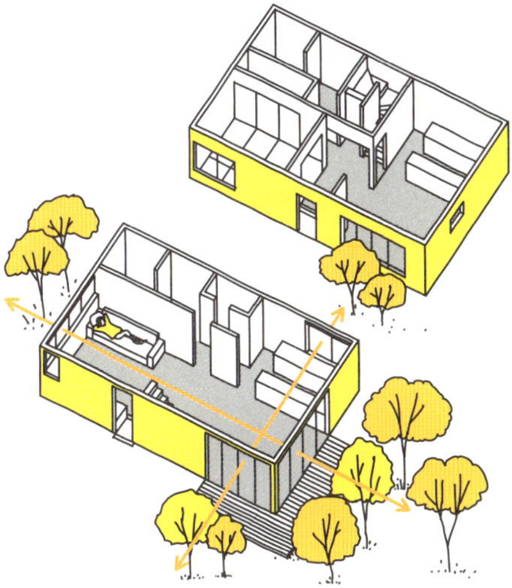

「抜けているな」という爽快感が味わえる
距離は、私の実感では9m以上です

△ 抜けない間取りはいまひとつ

間仕切壁は少ないものの、抜けている「通り」が1カ所もない間取りは、どことなく窮屈さを感じさせます。外部とのつながりが弱いのも、いまひとつ心地よさを実感できない要因に。

◎ 抜けがもたらす爽快感

端から端まで一直線に抜ける「通り」は、間仕切壁の位置を調整すれば確保できます。一般的にはリビング・ダイニングをつらぬく抜けがつくりやすいのですが、それ以外にも複数の抜けができれば、爽快感はさらに高まります。

「機能」と「がらんどう」で分けてやる

抜けの確保は、建物が長方形ならあえて短辺方向を２分割するゾーニングができると、容易に実現します。分割した一方には、水廻り・寝室・収納など「機能の定まった部屋」を、もう一方には見通しのよい「がらんどうの空間」を配置。間取りのウラとオモテを「機能」と「がらんどう」で分割してやると、自然と抜けが生まれます。

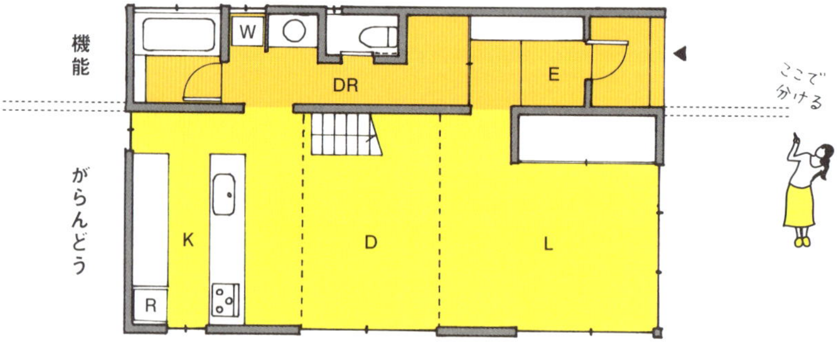

I形は長いほうの中心に

平面形状がI形の長方形、あるいは部分的に凸凹のあるI形の長方形なら、抜けは長辺方向の中心をつらぬいて設けます。各部屋は抜けの周りに配置しましょう。目抜き通りの両側にお店が立ち並ぶイメージです。

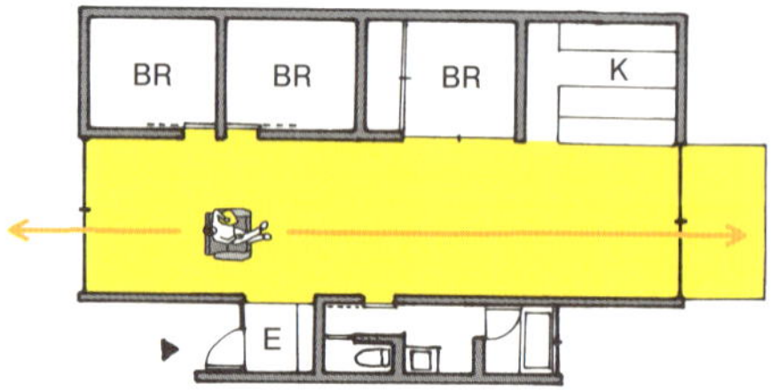

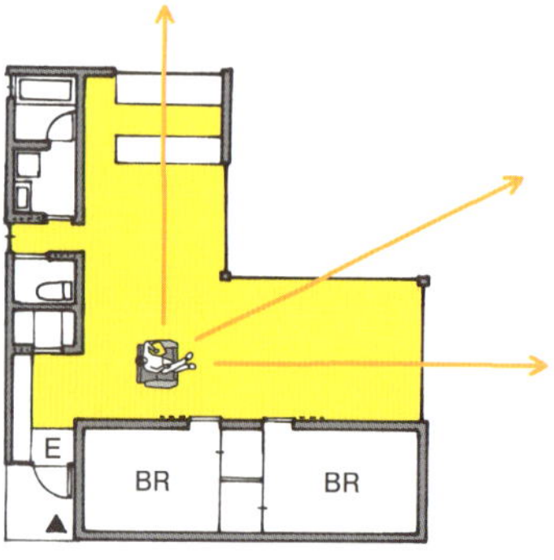

L形・コの字形・ロの字形は内側をえぐる

平面形状がL形、コの字形、ロの字形なら、その形状を生かして内側に抜けを設けましょう。「内側に抜け、外側に部屋」という意識で計画すると、機能とがらんどうがうまくまとまります。

抜けの質は窓が上げる

配置計画時にアタリをつけておこう

せっかく抜けをつくったのに、窓外の景色が隣家の壁では笑い話にもなりません。窓は「がらんどう」の空間と外部のオープンスペース（隣家の庭でもOK）をつなぐ位置に設けるのが鉄則です。ということは、建物の配置を考えるタイミングで、窓の位置まで想定しておかないといけませんね。「抜けをどの方向に設けるか」は、設計の最初期に考慮すべき重要な検討事項の一つです。

やるなら、壁を丸ごと抜いて

抜けの延長線上に設ける窓は、壁を丸ごと抜いてつくると「がらんどう感」がアップします。空間を筒状にくり抜くイメージです。

ピクチャーウィンドウならボーナスポイント

「ピクチャーウィンドウ」という言葉を聞いたことがあると思います。これは、抜けの外に広がる景色を窓枠が絵画のように切り取る特別な窓です。窓枠をあえて額縁のようにデザインして、「切り取り感」をより強調してもよいでしょう。

抜けを強調するウルトラC

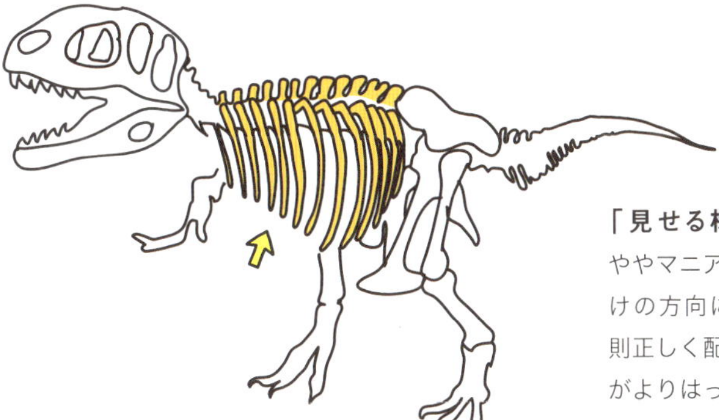

「見せる構造材」をリピート
ややマニアックな方法ですが、抜けの方向に沿って構造部材を規則正しく配置すると、抜けの「軸」がよりはっきりと強調されます。

小屋組の梁（登《のぼ》り梁《ばり》）や垂木《たるき》を「見せるデザイン」にしてみてはいかがでしょうか。

＝ 小さくても抜けていれば世界が変わります

たまり

ちょっと、ホッと。

人間の習性とは面白いもので、突然、何もない大きな部屋に一人で放り込まれると、必ず壁際に近寄っていきます。それも隅のほうに……。壁を物理的、心理的な拠りどころにして、心の平穏を保とうとするわけですね。同じように、間仕切壁が少なく開放的な室内も、拠りどころとなる場所がないと、なんとなく落ち着かない空間になります。それはマズイ。というわけで登場する強力な助っ人が、「たまり」と呼ばれる小空間です。

ほら、家族と同じ場所で過ごしていても、「ちょっとだけ本が読みたい」とか、「ちょっとだけ昼寝をしたい」とか、一瞬、自分だけの時間がほしいときってありますよね。そんな〝ちょっと系〟のニーズに即座に対応してくれるのが、たまりの心憎いところです。

住まいは、広々としているだけではダメなのです。

たまりの２大形式

開いているけど囲まれる「隠れ家式」

三方を壁で囲まれた凹形の空間が、「隠れ家式のたまり」の基本形です。写真のような小上がりにしたり、この部分だけ天井を低くしたりすると、より一層「たまり感」が強まります。

ホッと ひと息つく「止まり木式」

自然と人が寄り集まってくるような場所が、「止まり木式のたまり」です。代表格は縁側ですが、大きなテーブル、段差のある床、開放的に設《しつら》えた幅の広い階段なども、止まり木式のたまりになります。

大切なのは「座れること」

たまりの基本は、そこで過ごすひとときが「ゆったり落ち着ける」こと。そのためには、きちんと座れる仕掛け（できればゴロ寝もできること）が不可欠です。椅子やソファはもちろん、床の素材を変えるなどしても（畳など）、ゆったりくつろげる雰囲気がつくれます。

隠れ家式のつくり方

安心感の強い「凹ませ型」

隠れ家式のたまりは、メインの動線から少し外した位置に設けるのが定石です。そのうえで、一部屋まるごと押し出すようにつくる「凹ませ型」のたまりは、「背中が守られる安心感」が強いので、いつまでもこもっていたくなります。読書や昼寝に最適な空間。いうなれば、ファミレスのボックス席ですね。

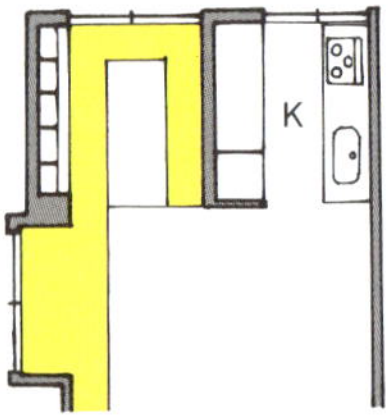

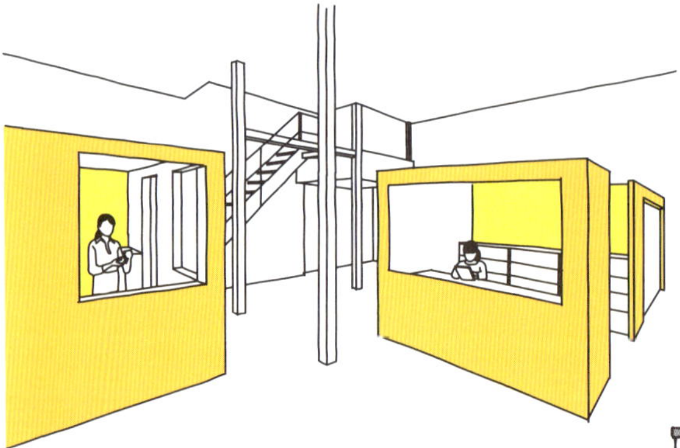

境界をはっきり示す「ブース型」

たまりを囲む壁の存在感を、凹ませ型よりさらに強めるなら「ブース型」です。境界がはっきり示されるので、個室のように集中できる環境になります。大きな窓を設けたり、間仕切壁を低めにしたりして、完全に閉じない状態をつくるのが秘訣です。

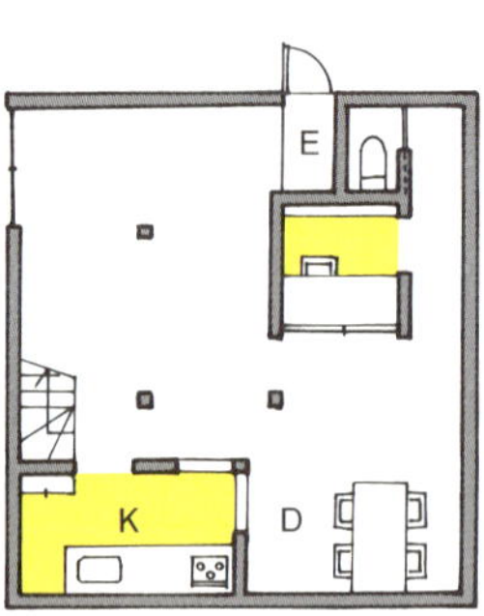

止まり木式は多種多様

大きなテーブル

止まり木式のたまりは、間取り上の工夫を必要としないものもたくさんあります。たとえば大きなテーブル。テーブルを適切な位置に配置するだけで、たまりとして十分機能し始めます。鳥が水場に集まってくるような感じですね。

窓辺の段差は「室内の縁側」

窓辺には人を引き寄せる魅惑的な空気感が漂っています。ただし、その窓が壁一面の「掃出《はきだ》し窓」では物理的に寄りかかれません。ではどうするか？ 窓に接する床を人が座れる高さまで持ち上げてみましょう。すると、窓辺が「室内の縁側」になり、長時間くつろげる場所へと早変わりします。

「階段屋根」の下を腰掛けスペースに

たまりの上に「屋根」があると、空間の存在感が強調され、ついこもりたくなります。階段は下から見上げれば立派な「屋根」。収納やトイレに活用される階段下を、たまりとして残しておくのも悪くありません。

＝ 心と身体に確かな拠りどころを

回遊

急がば回せ。

ご存じのとおり、欧米の住宅は部屋の出入口が開き戸（ドア）で、部屋と部屋の間を廊下でつなぐ間取りが主流です。一方、わが国の住まい、とくに古い民家などを見ると、部屋と部屋とは引戸（ふすま）で仕切り、廊下はなるべくつくらない間取りが一般的でした。廊下がないので、引戸を開けばAの部屋からBの部屋へ、Bの部屋からCの部屋へとぐるぐる動き回れます。

このような動線を、「回遊性のある動線」といいます。回遊といっても遠回りはさせません。むしろ、適切な位置に配置された回遊動線は、現代の住宅に近道という恩恵を与えてくれます。たとえばキッチンと脱衣室（洗濯機）を結ぶ動線は、家事の効率を格段に上げてくれる近道です。

間仕切壁の少ない間取りなら、一つの部屋に二つ以上の出入口を設けるだけで、回遊動線がめでたく開通します。

良い回遊、悪い回遊

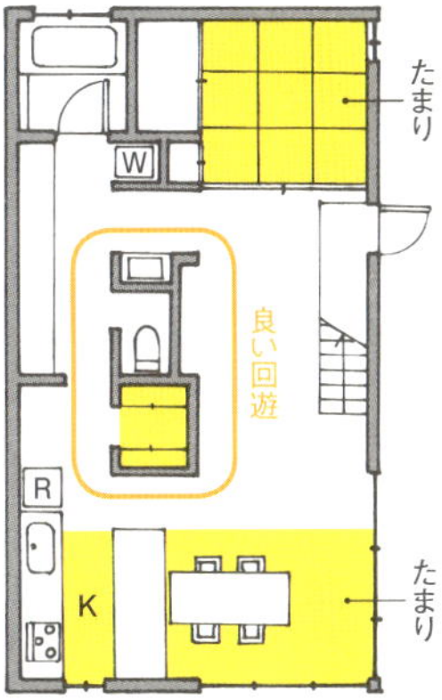

○ 小さく回る

たまりを確保しながら小さく回る動線が、良い回遊動線です。回遊の利便性を保ちつつ、収納スペースも確保できます。たまりがあるので室内は自然と落ち着いた雰囲気に。キッチン、水廻り、収納をコンパクトに回遊させるのが秘訣です。

△ 大きく回る

フロア全体を大きく回る動線は、室内の広さを感じさせてはくれるものの、配置によっては家全体が落ち着かなくなる原因となります。

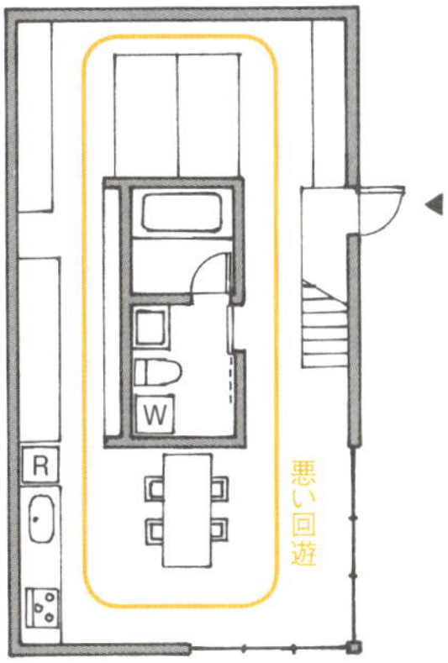

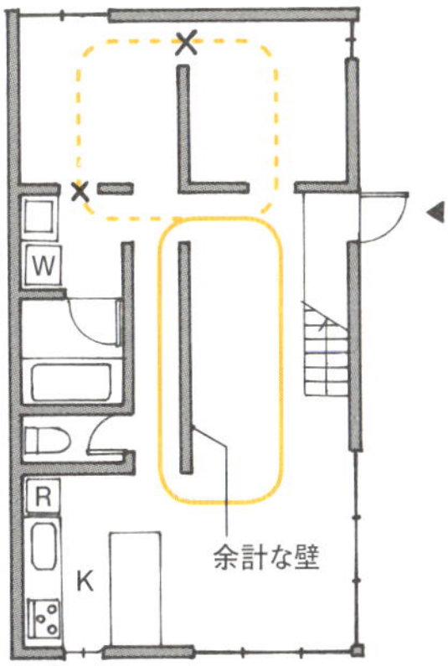

× 使われなくなる

わざわざ通らなくてもよい出入口は、つくっても次第に使われなくなります。これでは回遊にした意味がありません。かと思えば、回遊動線をつくるためにわざわざ余計な壁を立てる人もいます。壁は部屋を狭くする原因になるので、慎重に計画しないと「使われない回遊動線」同様、こちらも失敗に終わるおそれがあります。

回遊は計画的に

○ 動き回れる利便性と収納力を両立

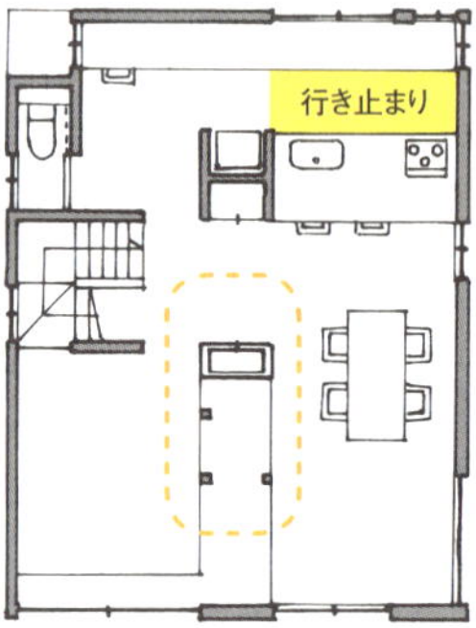

キッチンの奥をあえて行き止まりにしています

× 動線ばかりで収納が確保できない

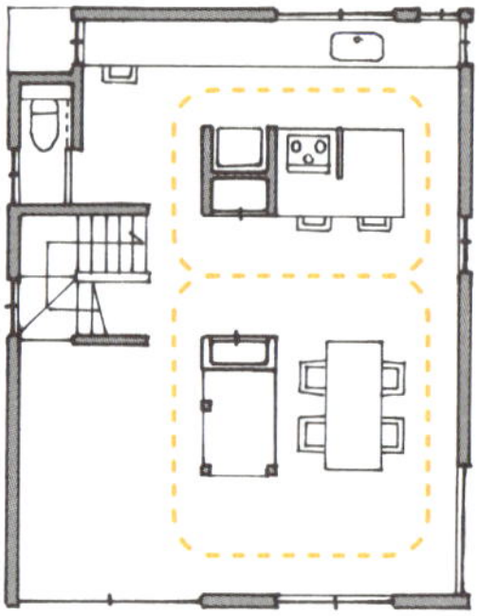

コンロやシンクなどの位置取りも難しくなります

部屋と部屋を廊下でつなぐ欧米流の間取りは、行き止まりになる各部屋がそのまま収納スペースとなり、プライバシーも確保されます。反対に、回遊動線をもつ間取りは、計画的に配置しないと収納もプライバシーも確保することが難しくなります。子供たちが回遊動線を駆け回る姿は微笑ましいものですが、一歩間違うと騒々しい家になるだけです。ご注意あれ。

近道するなら、こんなところを

キッチンと洗濯機をクローゼットで結ぶ

回遊動線は、「家事をラクにする」という目的で取り入れることがよくあります。たとえば右図のように、キッチンと洗濯機をクローゼットで結ぶと家事の連携が非常によくなります。クローゼットを広く取れば、この中でアイロン掛けもできます。

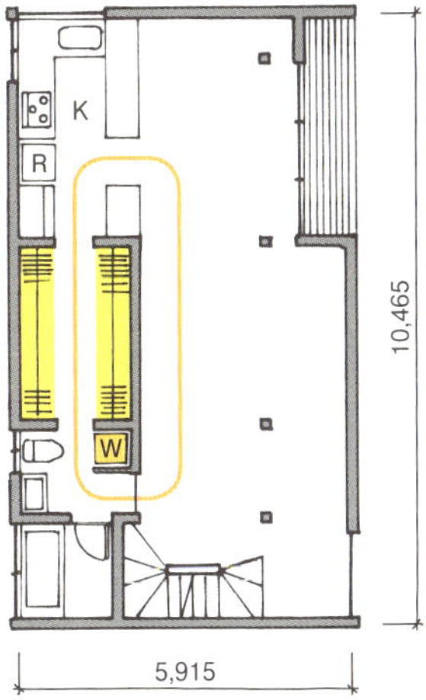

1つとは限らない

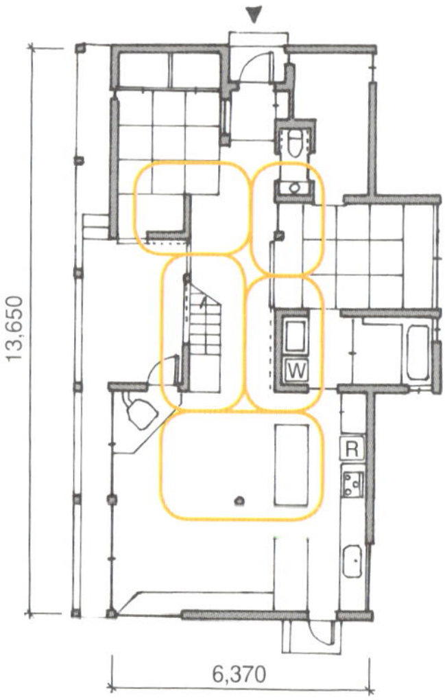

すべての場所に最短距離で

回遊動線はいくつあっても構いません。動線が複数あれば、移動方法の選択肢も増えます。目的地まで最短距離で到達できれば、家事の連携はもっとスムーズになるでしょう。ただし、たまりの確保だけは忘れないように。

いったん外に出てもよい

バルコニー経由でワープ

意外に使える例として、回遊動線の一部に外部を含めるというやり方があります。キッチンやユーティリティ（洗濯室）といった裏方と、リビングという憩いの場をバルコニーで挟む間取りです。動線上は近い両者ですが、間に外部が入ることで心理的な距離が長くなり、互いの存在が邪魔になりません。

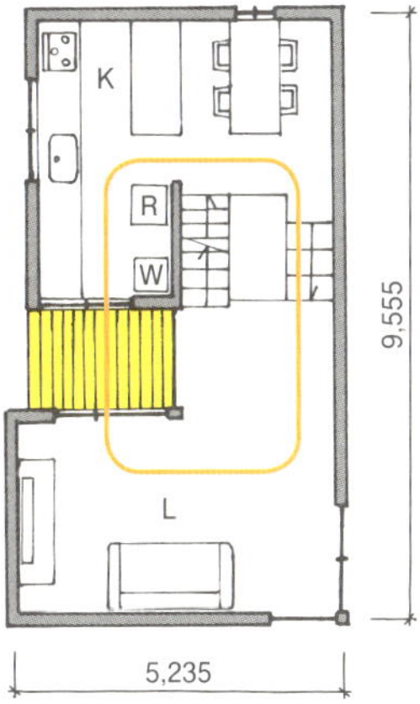

＝ 「回れる」と「たまれる」をバランスよく

奥行き

ときには出し惜しみも効果あり。

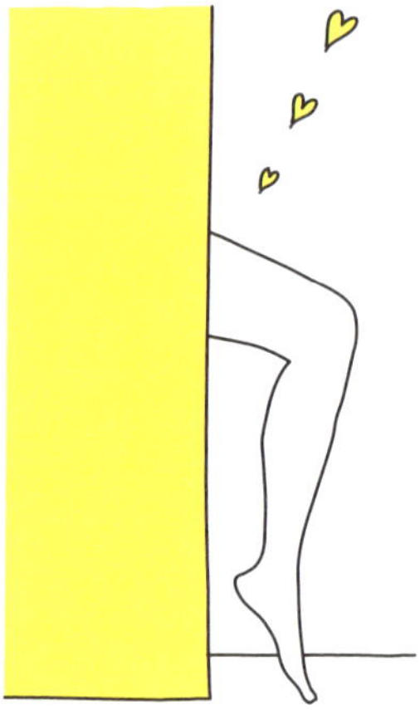

「幽霊の正体見たり枯れ尾花」。気味が悪くて怖いものも、正体（枯れ尾花＝ススキ）が分かってみればなんてことはなかったという川柳です。その裏には、「人は全貌が明らかでない状況下では、対象を過大評価しがち」という心理の妙がうかがえます。

部屋を実際の寸法以上に広く感じさせたいとき、「対象を過大評価しがち」という心理が使えます。実際には四畳半しかない小部屋も、隣の部屋から四畳半の一部しか見えないようにしてやれば、その先にもっと広がりがあるかのように錯覚させられます。部分的に視線の自由を奪うことで、実際以上の奥行き感が醸し出されるのです。

奥行きの感覚は、壁などで意図的に死角をつくれば容易に生み出されます。建物の平面形状がL形なら死角は自然に発生。とくに狭い敷地でおすすめのテクニックです。

L形で視線の邪魔をする

死角と光

奥行き感を生み出す手順は次のとおりです。

①先がすべて見えない死角をつくる

②死角の奥から光を入れる

これを最も容易に実現できるのがL形の平面形状です。平面形状が四角形でも、部分的に壁を立て視線を制限してやればL形と同じ効果が得られます。そして、死角の奥から光を採り込む。こうすれば、"見えない奥"に対する期待感がますます高まります。

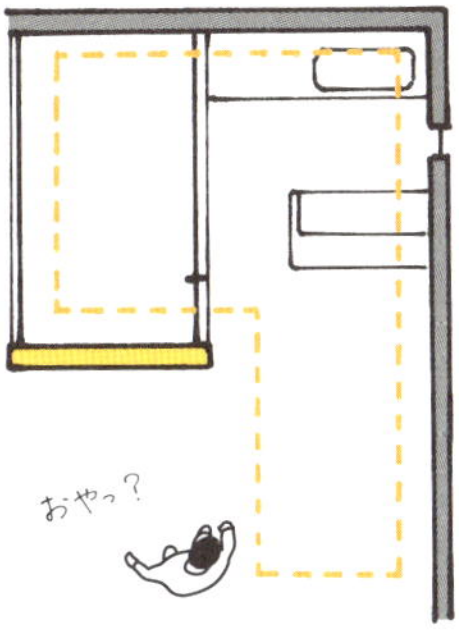

H形なら死角だらけに

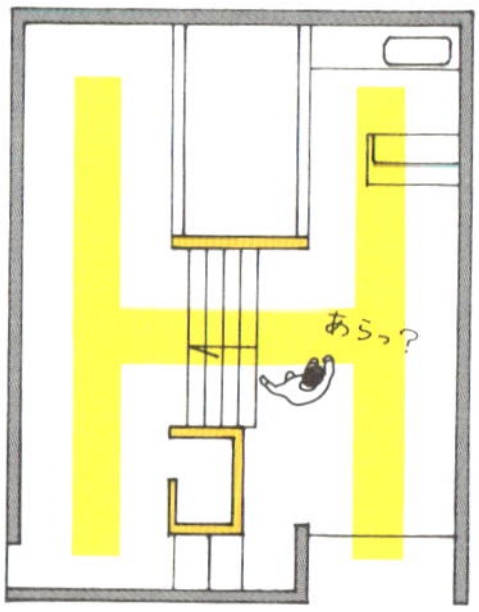

さらに、床の高さを変えてみる

L形の平面形状を組み合わせるとH形になります。あるいは、大きな長方形の平面内に壁を立てても、H形に近い形状になります。写真の家は、さらに片方の床のレベルを上げ(スキップさせ)、階段を透けさせています(スケルトン階段)。これにより、奥行き感がさらに強調されました。

透けさせる ＝ 奥行きの錯覚

格子をつける

上の２つのイラスト、配置はどちらも同じですが、手前に格子を描いているほうは、小鳥が少し遠くにいるように見えませんか（見えなかったらゴメンナサイ）。このように、小さな死角がたくさんできる格子は、奥行きを錯覚させる機能も備えています。格子の奥から光が差し込めば、その効果はより一層強調されます。

中空ポリカーボネート板を使う

写真は寝室と書斎の間を中空ポリカーボネート板で間仕切った例です。室内を広々とさせるために間仕切壁を取り去るのもよいですが、ときにはポリカのような透過材料で間仕切っても面白いかもしれません。そのほうが、奥行きや広さを感じさせてくれる場合もあります。奥行き感の醸成には「壁面の透過」も有効なのです。

＝ 一度にすべてを見せないのが「粋」なのです

発見！「フレーミング」の法則。

窓は、その取り方一つで風の流れが変わります。光の角度が変わります。室内の温度が変わります。が、しかし。間取りがすべて確定したあと、「では、このあたりに窓を一つ」といった具合に位置を決める人がいるのは、どういうわけでしょうか？　窓は間取りと同じタイミングか、もっと前から検討しておくべきものです。さらに窓といえば、「壁の中心に幅一間（１８２０㎜）程度の引違い窓を設ける」というワンパターンが跡を絶ちません。これまた、どういう了見でしょうか？　この陳腐なルールを破棄するだけでも、建物の表情は一変するというのに……。

「そうはおっしゃいますが、実際どうすればいいの？」というあなた。あなたのために、窓（フレーム）の設計に関する画期的な法則を発見しましたので、ここにご報告いたします。名づけて、フレーミングの法則。

第一法則「窓はXYZの3方向に」

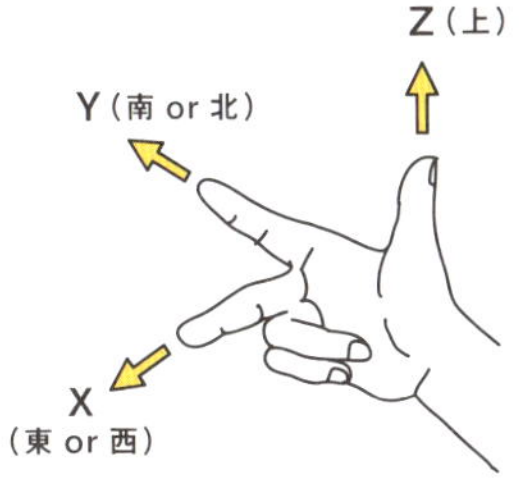

「窓はXYZの3方向に設ける」。これが、窓配置の第一法則です。具体的には、吹抜けのある階の東（または西）面（X）、南（または北）面（Y）、吹抜けの上部（Z）に窓を配置します。これで、風が抜けやすく光も採り込みやすい建物になります。これぞまさしく、フレミングならぬ、「フレーミング（窓枠）」の法則（ダジャレで失礼）。

Z方向はハイサイドライトがおすすめ

Zの方向、すなわち吹抜け上部に設ける窓は、一般的にはトップライト（天窓）がイメージされるかもしれません。けれどトップライトは、夏の日射が強烈に入り込むうえ、雨漏りの心配も少なからずあります。個人的には、トップライトではなく壁面上部に設けるハイサイドライトをおすすめしています。

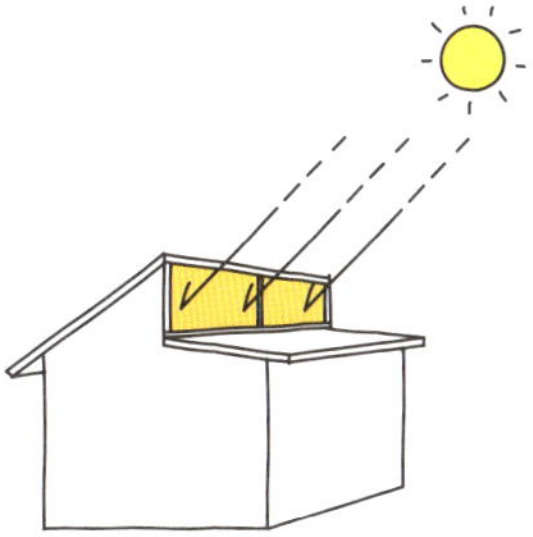

第二法則「窓は中央を外す」

窓は壁面の中央ではなく、「上下左右のコーナーに寄せて配置する」。こうすると、隣り合う壁面や天井面にも光が回り、部屋全体が明るくなります。窓を取り囲む壁面が減るので、視線の抜けもよくなります。本家フレミング先生とは何の関係もありませんが、これをフレーミングの第二法則とさせていただきます。

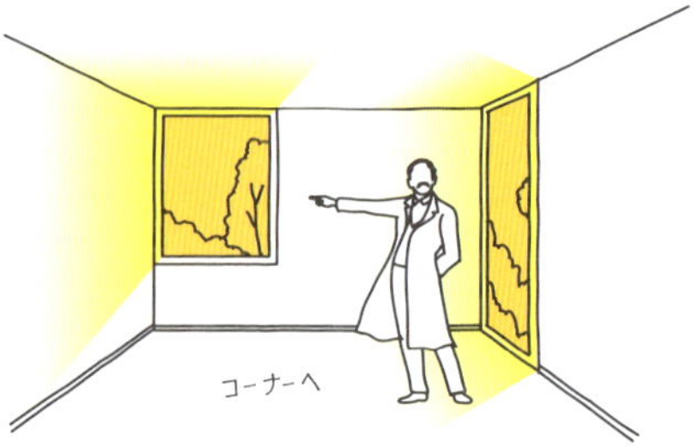

家具などの置き場所は計画段階から

ただし、窓をコーナーに設ける部屋は、家具を置く位置まであらかじめ入念に計画しておいてください。家具のサイズによっては、コーナー窓のせいで家具がすっきり配置できないこともあります。

第三法則「ファサードの窓は3パターンで」

建物のファサード（正面部分）に設ける窓は、次の3つのルールに従うとまず失敗しません。建物自体は真四角な豆腐形でも、窓の取り方次第ではありきたりな商品化住宅との差別化が図れます。

①コーナーに設ける
コーナーの窓はFIX窓にするとより効果的です。

②つらぬいて設ける
縦方向でも横方向でも構いません。端から端まで。

③全面に設ける
区画された面内のすべてを窓に。凹面はとくに全面窓が似合います。

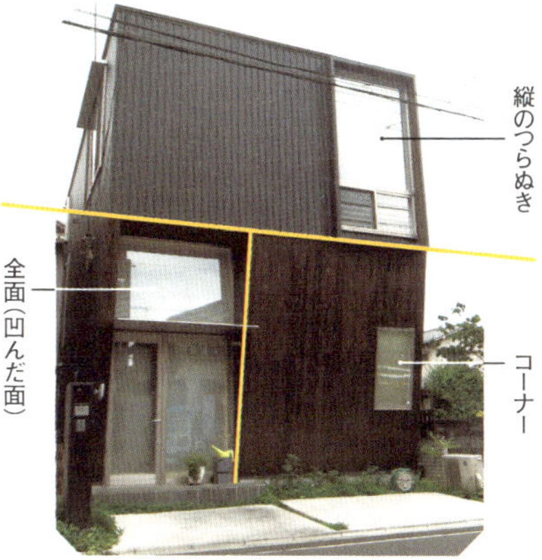

法則は、区画ごとの適用が可能
フレーミングの第三法則は、「区画された面内ごとに適用する」とうまくまとまります。たとえば、壁面の仕上げ材を変えたり、ファサードに凹凸をつくったりした場合は、それぞれの面を「区画された面」と解釈してこの法則を当てはめます。

なお、**「1つの区画内に設ける窓は最大2つまでにすること」**。これをフレーミングの第四法則としておきます。

現場検証「コーナーに」「全面に」

コーナーでもあり、全面でもある

右上の窓はファサード全体で見れば「コーナー」です。けれど、窓の部分だけが独立した区画なので「全面」ともいえます。いずれにしろ、法則どおりに窓が設けられています。左下は突き出し窓ですが、これは「コーナー」に当てはまるでしょう。

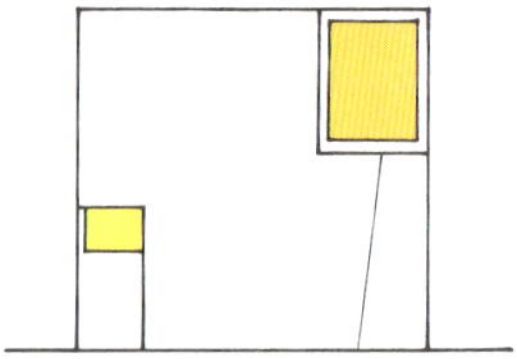

数が増えるならくっつける

窓が6つありますが、そのうち5つは右上のコーナーにまとまっています。したがって、全体として見れば窓は2つ。フレーミングの第四法則「1つの区画に最大2つまで」が守られています。なお、間取りを決めたあとに窓の配置を決めようとすると、このような配置にはできません。窓の位置やサイズは、間取りと同時に検討すべきと分かる好例でしょう。

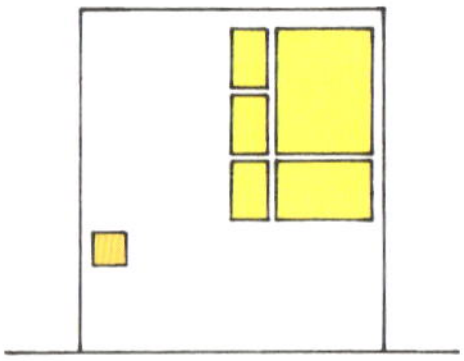

現場検証「つらぬいて」

縦のつらぬきは比較的ラク

窓を縦方向につらぬいた典型です。右側は土台から屋根まで同じ幅。左側はバルコニーを凹ませているので、そこだけ見れば「全面」ともいえます。窓を縦方向につらぬくのは、構造的にもそれほど難しいことではありません。

横のつらぬきは構造の処理が不可欠

ハイサイドライトは、壁面上部を横方向につらぬく窓です。光が入り風も抜ける使い勝手のよい窓ですが、その配置ゆえ、どうしても柱や筋《すじ》かいといった構造部材が露出します。その処理方法に知恵を絞らなければなりません。

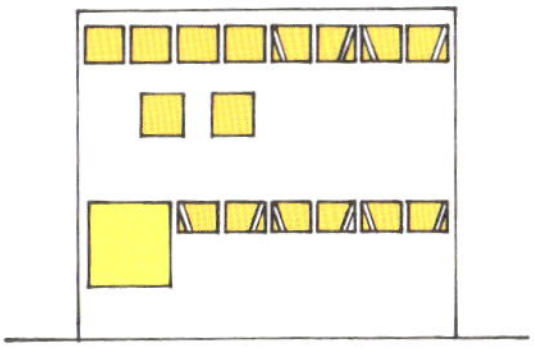

住宅用アルミサッシの寸法（基本篇）

住宅用のアルミサッシは、製作可能なサイズが開閉方式によってまちまちです。最後に、その種類とサイズを整理しておきましょう。

引違い

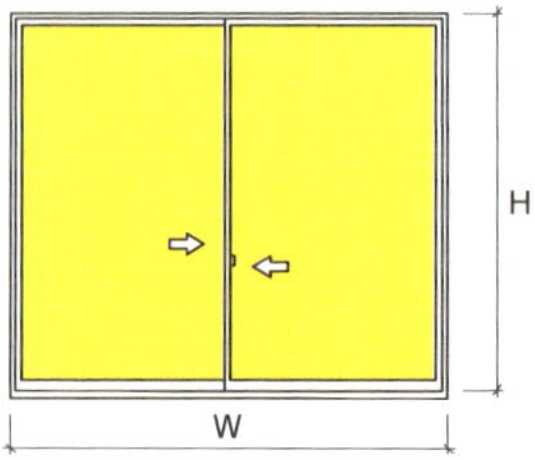

［既］W2,600 × H2,230　［特］W3,000 × H2,500

引違い窓は障子（可動建具）が２枚とは限りません。３枚、４枚もあります。枚数が増えれば横幅も広がります。

３枚建て

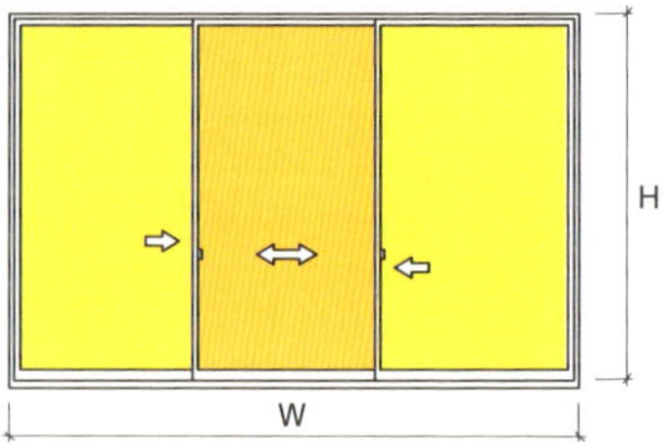

［既］W2,600 × H2,230　［特］W4,000 × H2,500

４枚建て

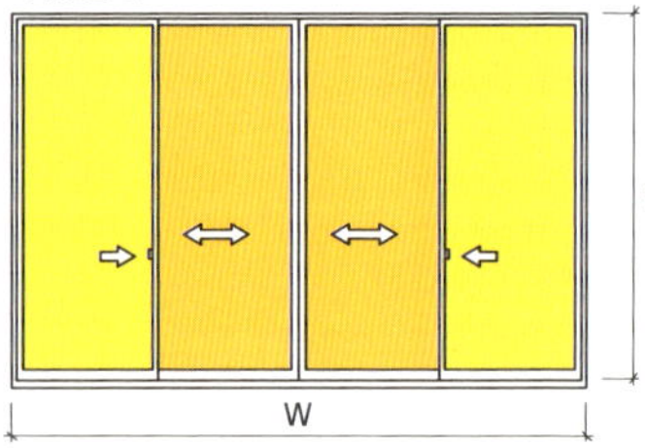

［既］W3,510 × H2,230　［特］W4,000 × H2,500

片引き

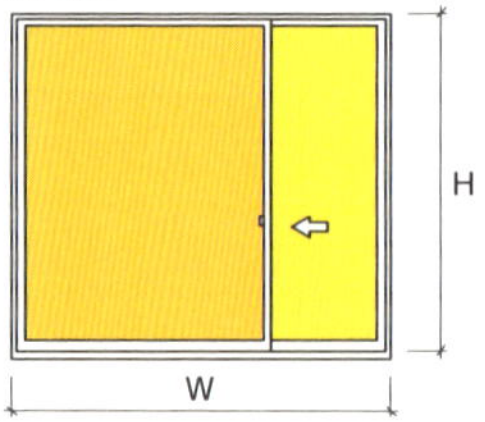

［既］W2,600 × H2,230
［特］W3,000 × H2,100

両袖片引き

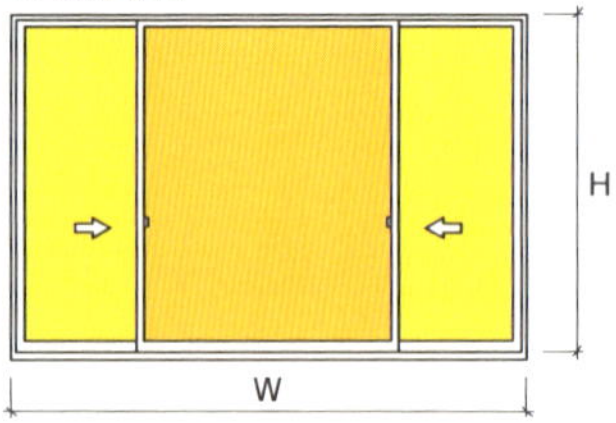

［既］W3,510 × H2,230
［特］W4,000 × H2,100

片引き窓は大きいほうのガラスが固定されます。ピクチャーウィンドウとして使ってもよいでしょう。

テラスドア片開き

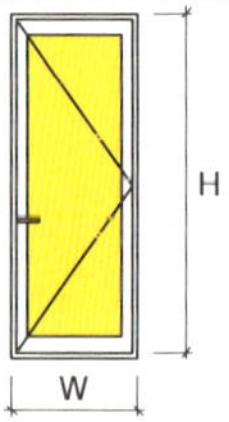

［既］W780 × H2,030
［特］W870 × H2,230

テラスドア両開き

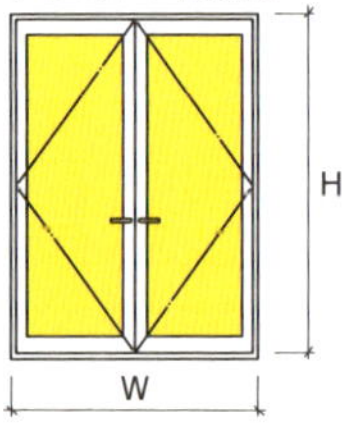

［既］W1,690 × H2,030
［特］W1,690 × H2,230

開き窓は、開け放さない場所に設けます。外から施錠ができるので玄関に使うという手もあります。

STEP 3 窓

住宅用アルミサッシの寸法（アクセント篇）

台形FIX

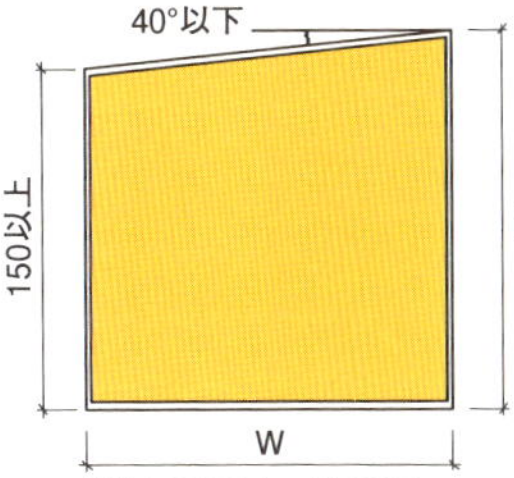

[特] W2,500 × H2,500

FIX

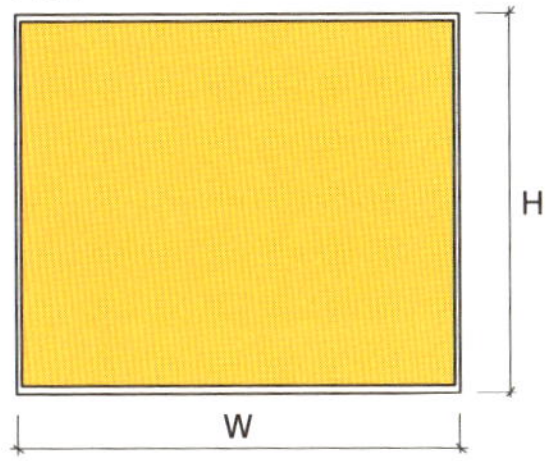

[既] W1,690 × H2,230
[特] W3,000 × H2,500

FIX窓は相当大きなサイズまで対応できます。アクセント用窓の定番です。

縦すべり出し

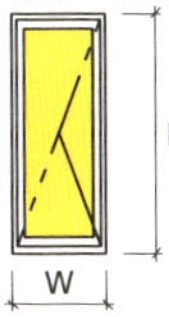

[既] W640 × H1,370
[特] W640 × H1,570

横すべり出し

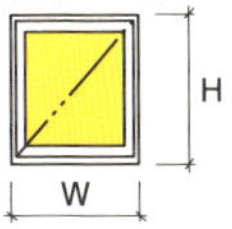

[既] W780 × H970
[特] W870 × H970

縦スリット すべり出し

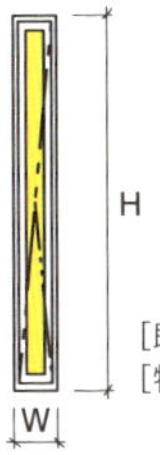

[既] W300 × H2,470
[特] W300 × H2,470

横スリット すべり出し

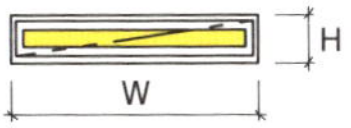

[既] W1,690 × H303
[特] W1,690 × H303

突き出し

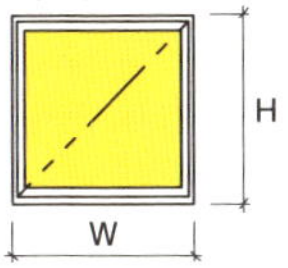

[既] W1,235 × H1,235
[特] W1,235 × H1,235

すべり出し窓、突き出し窓は、中桟がいらないのですっきり納まります。小さな部屋の窓に適しています。

オーニング（3段）

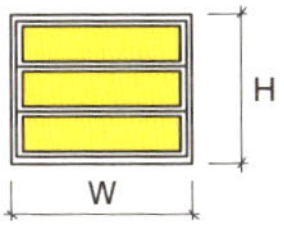

[既] W1,235 × H970
[特] W1,235 × H970

オーニング（4段）

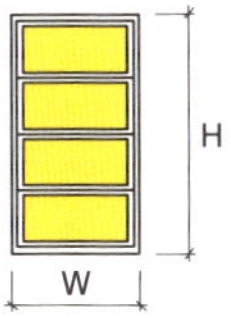

[既] W640 × H1,370
[特] W870 × H1,570

上げ下げ窓

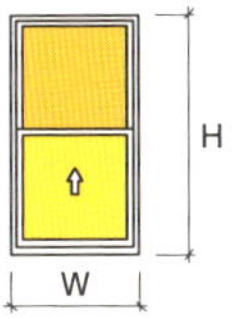

[既] W780 × H1,370
[特] W870 × H1,570

ダブルガラスルーバー

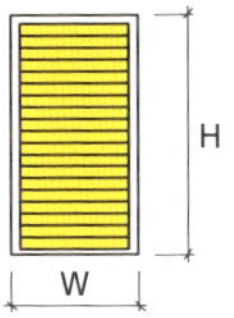

[既] W640 × H1,570
[特] W870 × H1,570

オーニング、上げ下げ、ダブルルーバーなどは、意匠性、気密性、防犯性、使い勝手などの観点ですべり出し窓と比較しながら選ぶとよいでしょう。

＝ 良いマドリには、必ず良いマドが含まれているものです

[既]… 既製品の最大寸法（㎜） W… 幅
[特]… 特注の限界寸法（㎜） H… 高さ

実際の間取り

3

中央部の玄関・階段から仕掛ける、死角と抜けの効果

間仕切りの少ないオープンな間取りです。イラストレーターであるご主人の要望は、「まだその先があるかのように感じさせる死角のある家」でした。そこで、階段を中央に据えたH形の平面形状にして、奥行き感を演出しました。中央部にまとめた玄関・階段から、建物外周部沿いの「たまり」空間にアクセスしていく動線です。２階のダイニングには、天井いっぱいの窓を南側に配置しました。旗竿敷地の竿方向に抜けをつくっています。

A-A断面図

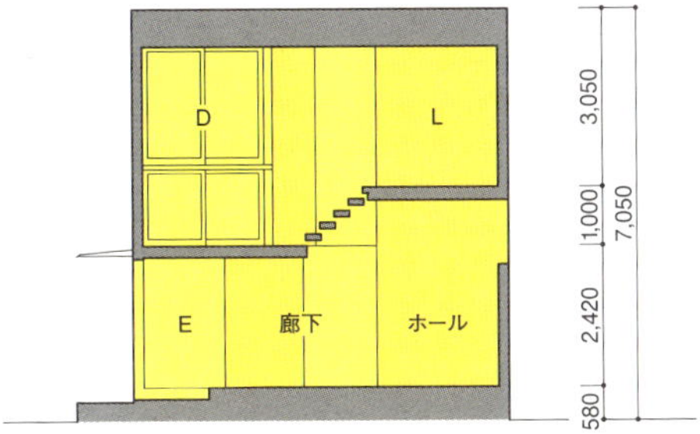

2階平面図

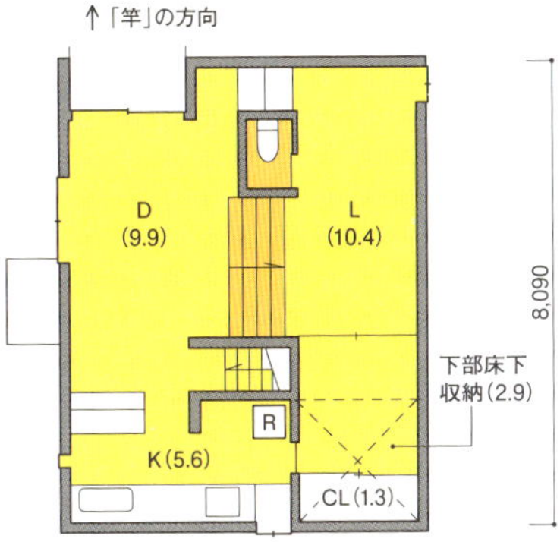

1階平面図

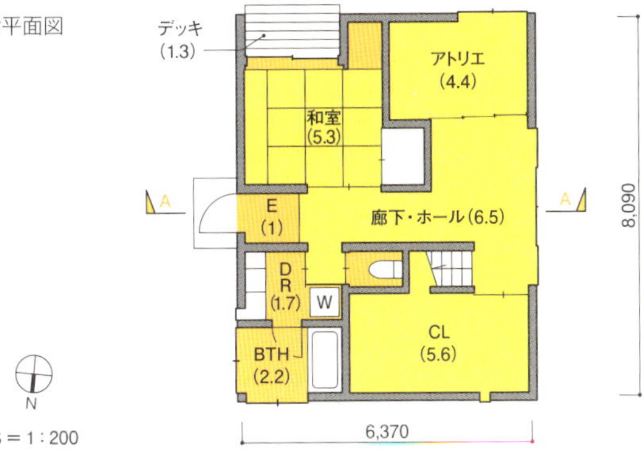

S＝1：200

( )内は畳に換算したときの畳数

杉並U邸

所在地／東京都杉並区（防火地域） 家族構成／夫婦

規模／木造2階建て 敷地面積／146.25㎡（44.2坪）

建築面積／49.46㎡（15.0坪） 延床面積／98.92㎡（29.9坪）

実際の間取り
4

大きな抜けが、バルコニーとたまりにつながる

1階にビルトインガレージをもつ間取りです。短辺方向の耐力壁を南東の箱形エリアにまとめ、2階の切妻部分全体に大きな抜けをつくりました。抜けの先（2階南西端部）は奥行きの深い屋根付きのバルコニーです。もう一方の抜けの先（2階北東端部）は、床を半階分上げて「たまり」の空間としました。リビングの隣はガラスで仕切られたスタジオで、奥行きを感じさせます。切妻形に箱形を付け足した外観です。

A-A 断面図

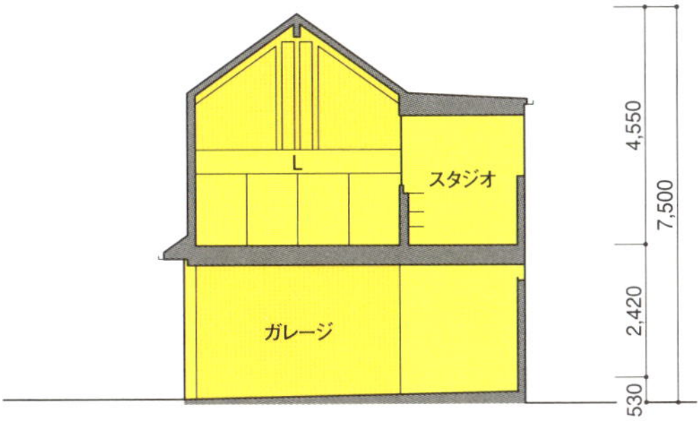

2階平面図

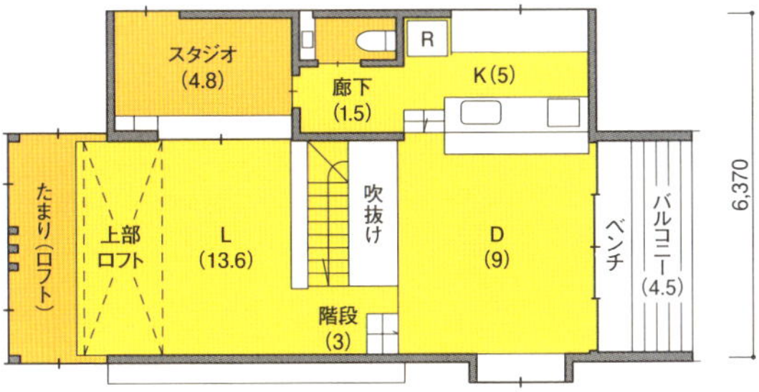

1階平面図

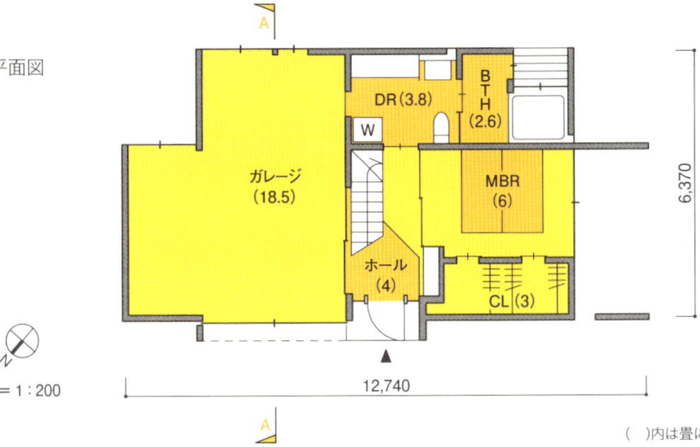

S＝1：200

(　)内は畳に換算したときの畳数

白井T邸

所在地／千葉県白井市（法22条区域）　家族構成／夫婦

規模／木造2階建て　敷地面積／631.94㎡（191.2坪）

建築面積／76.18㎡（23坪）　延床面積／127.10㎡（38.4坪）

STEP 4

高さの
リズムを
奏でよう

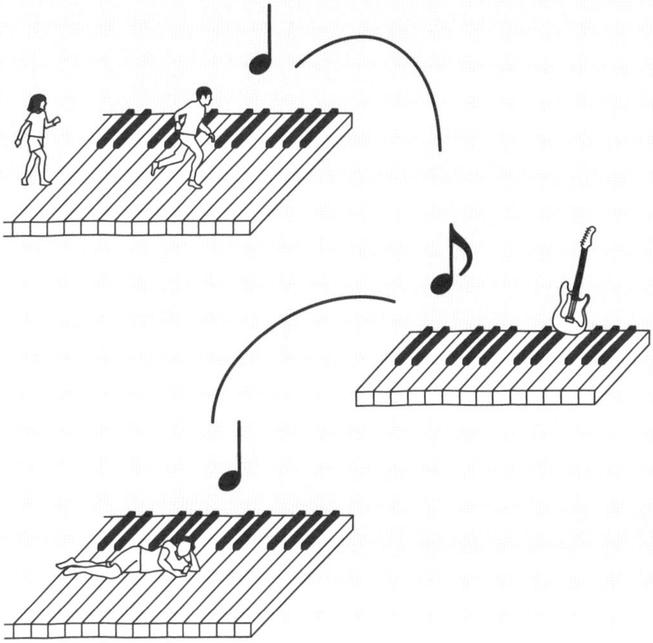

間取りが同じ２つの家も、
天井の高さが違っていれば、
それらはまったく別の家といえます。
平面図を見て
部屋の広さや配置を確認しつつ、
断面図を見て
部屋の高さやボリュームをつかむ。
これでようやく、
建物の全貌が明らかになります。
平面という二次元の間取りから、
断面という三次元の間取りへ。
間取りは立体的に思考してはじめて、
現実のスケール感で動き出すのです。

天井高

寸胴型はお断り。

ドラえもんの身長は129・3㎝だそうです。頭のサイズも129・3㎝、胸とお尻のサイズも129・3㎝。超寸胴型の体形といえます。ま、マンガの世界だからねと笑っているあなた、多くの家の天井高もドラえもんと同じ寸胴型なのはご存じでしたか？

「天井はなるべく高くしてください」。たいていのご家族が求める要望の一つです。だからといって、はい了解ですと高くしてはイケマセン。建物全体の高さ、階高、天井高は、「なるべく低めに抑える」。これが断面の設計をうまくやり遂げる秘訣です。そのうえで、「高低差をつける」。高くする部屋は思い切って高くします。

どこを測っても天井高が同じ寸胴型の家には、必ず無駄が潜んでいるもの。その無駄を削ってメリハリをつけていけば、断面の間取りはぐんと良くなります。

隠れ肥満か、アスリートか

平面の間取りは整っているが…

右は1階北側に水廻りを集約した、間仕切壁の少ない間取りです。階段が中央付近にあるので廊下が少なく、各部屋も広々としています。キッチンからダイニング方向への「抜け」もよさそう。では、この家の断面図を見てみましょう。良い例と悪い例の2パターンを描いてみました。

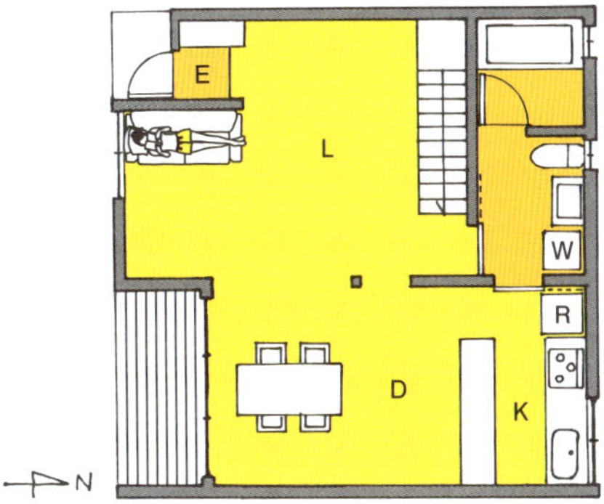

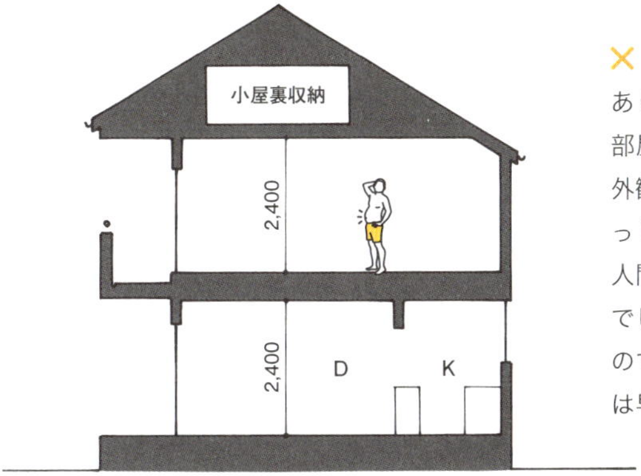

× 隠れ肥満。「内臓脂肪」多し

ありがちな「普通の家」の断面図です。部屋として使えない部分を黒く塗ると、外観からは分かりませんが、全体的にずっしりと重そうな様子が見てとれます。人間なら内臓脂肪の多いカラダといえるでしょうか。小屋裏にスペースができるので収納を設けましたが、おそらくここは早々に死蔵品の墓場と化すでしょう。

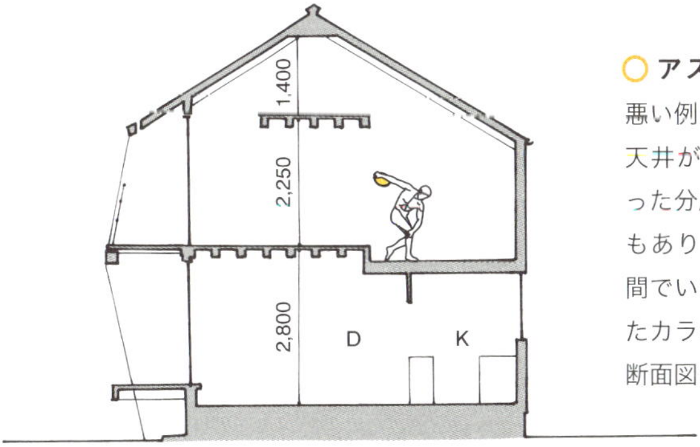

○ アスリート系。「体脂肪率」低し

悪い例に比べ、リビング・ダイニングの天井が400㎜高い家です。悪い例にあった分厚い天井裏や中途半端な下がり壁もありません（黒い部分が少ない）。人間でいえば、体脂肪の少ない引き締まったカラダです。全体的にメリハリのある断面図になっていると思いませんか？

適切な高さ、教えます

階高はこれくらいでいこう！

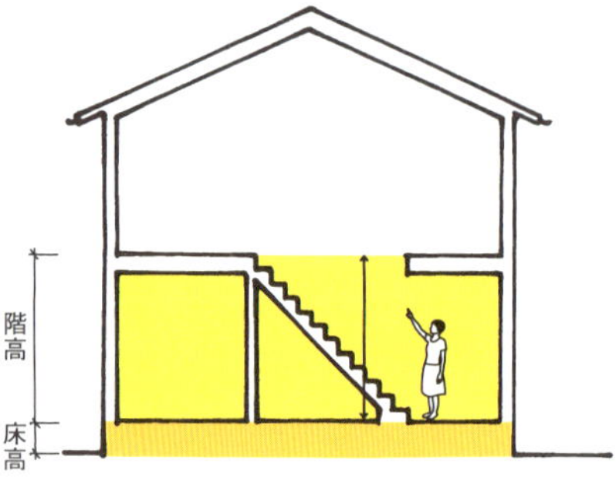

階高（かいだか）：
1階の床面から2階の床面までの高さ

1階の階高

・2,520㎜（蹴上け 210㎜の階段・12段分）
・2,600㎜（蹴上け 200㎜の階段・13段分）

一般的には2,700～2,900㎜が多いですが、2,600㎜程度まで下げても問題ありません。ユニットバスも十分納まる寸法です。

1階の床の高さ

・地盤面＋500～600㎜

住宅瑕疵担保責任保険や住宅金融支援機構の基準で基礎の高さを決めるとこうなります。デッキテラスなどを設けて地盤と床の段差を解消すると、庭との一体感が得られます。

天井高はここまで低くしてよい

天井高（てんじょうだか）：
床面から天井面までの高さ

リビング・ダイニングの天井高

・2,400㎜

寝室の天井高

・2,200㎜

水廻りの天井高、勾配天井の低い部分

・2,000㎜

天井の高さを一律2,400㎜にするのは、主にマンションの基準です。寝室や水廻りはもう少し低めにしても構いません。

天井高を廊下の幅に置き換えると…

天井高を下げると圧迫感が生じそうです。けれど、人の目の高さから天井面までの高さを「廊下の幅」に置き換えてみると、一般的な天井高2,400㎜のときは廊下の横幅にずいぶん余裕があると分かります。一時的に使用する場所なら、もう少しコンパクトでもよさそうです。

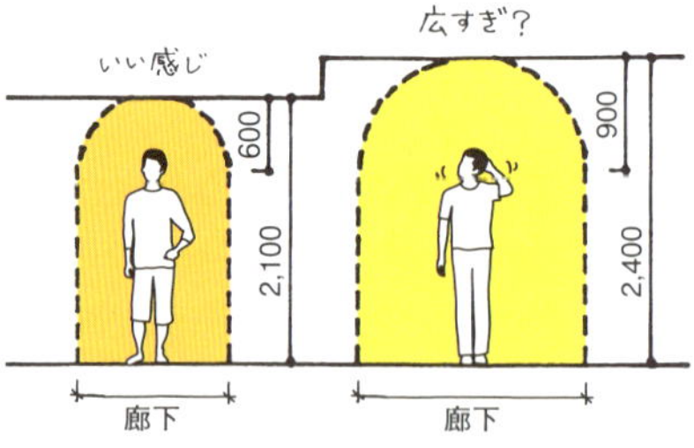

天井を上げるところ、下げるところ

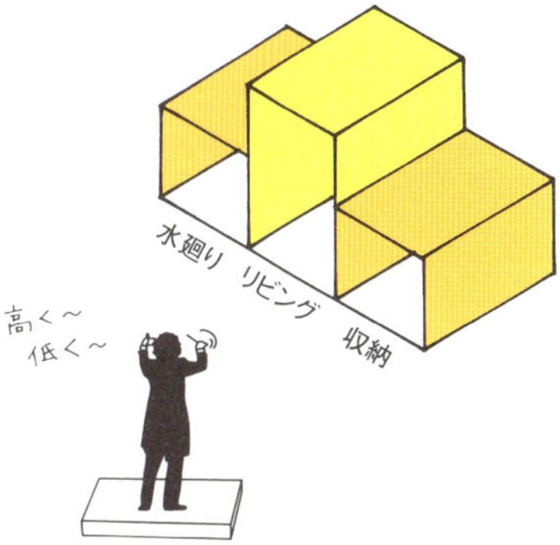

LDは高く、水廻りは低く

天井高にメリハリをつけるときの原則は、開放感を得たいリビングやダイニングの天井は高くする一方、水廻りや収納などの天井は低くすることです。天井高に差があると、天井の低い部屋から高い部屋に移動したとき、天井が数値以上の高さに感じられます。

狭い部屋は高さで解消

天井高の切り替えは、狭い家にも有効です。人は部屋の広さを空間全体の「体積」で感じるので、床面積が小さい部屋の圧迫感は天井を高くすると一気に解消されます。

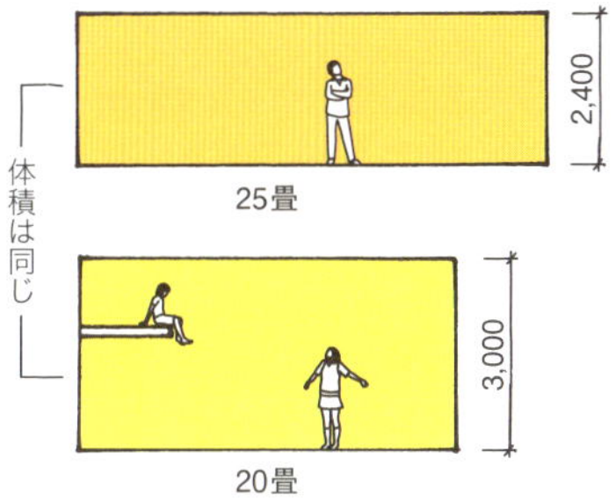

軒の高さも低めがいい

天井高だけではありません。軒の高さもなるべく抑えたほうが上品な外観に仕上がります。目安としては2,000㎜くらいです。

天井のボードを張らないという選択

天井懐《ふところ》に400㎜以上必要なのは大梁《おおばり》を架けるところだけ。それ以外の場所は、通常もっと低くできます

防火や内装制限といった法律上の規制がなければ、天井のボードを張らないという選択もあります。天井のボードを張らなければ、高さを400㎜くらい稼げるので、開放感が一気に増します。

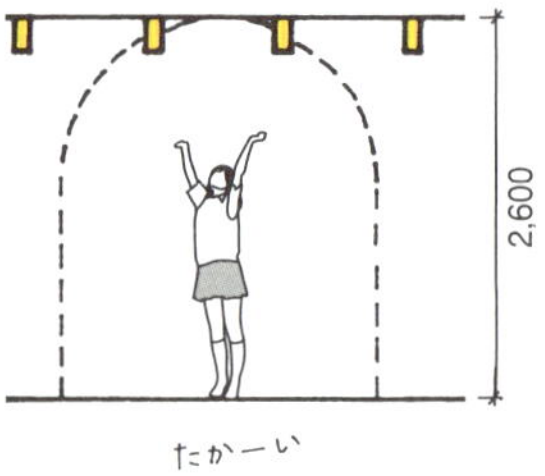

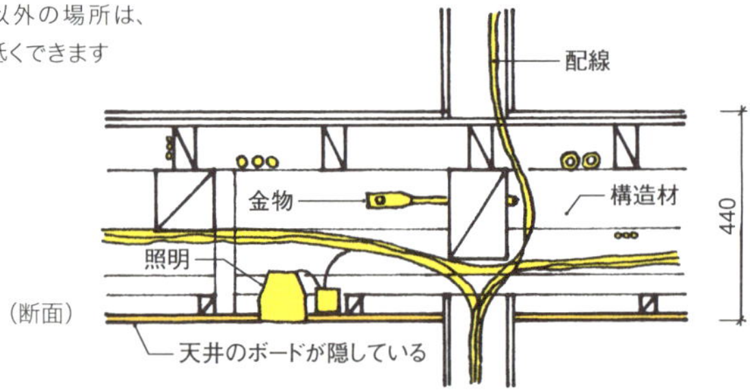

「天井ナシ」には覚悟が必要

ただし、天井のボードを張らない部屋には考慮すべき事柄が増えます。まず構造材（大梁、小梁など）とそれらを連結する金物が丸見えになります。こうしたものが目障りにならないよう処理しなければなりません。電気やインターネットの配線も同様です。天井ナシにはそれなりの手間と工夫が求められます。

「見せる構造」をつくるには?

天井のボードを張らずに構造材を見せる部屋は、あらかじめ構造材の配置まで考慮した「見せる構造」としての設計を行います。構造材をきれいに見せるには、①一方向に、②等間隔で、③細かく並べる、というルールを守るとよいでしょう。天井のボードを張る場所を少なくすれば、建物から余分な「脂肪」も取り除かれていきますね。

梁せいはスパン表でアタリをつける

天井高の決定には、「梁《はり》せい」の寸法も影響します。梁せいは梁にかかる応力やたわみをもとに算出しますが、作業に少し時間がかかるので、間取りの検討段階ではスパン表を使うと便利です。梁のスパンと負担幅さえ決めれば、寸法が簡単に想定できます。以下は、普段私が使っているオリジナルのスパン表です。

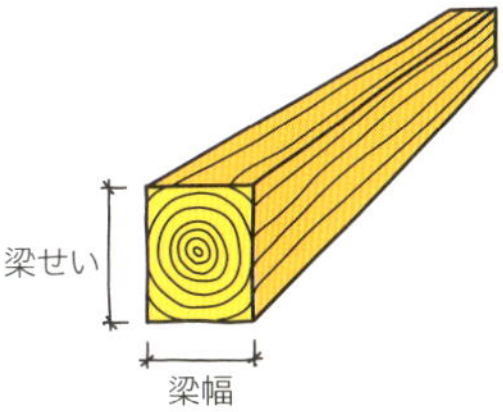

梁せいの寸法		スパン									
		455	910	1,365	1,820	2,275	2,730	3,185	3,640	4,095	4,550
負担幅	455	40×45	40×45	45×90	90□	105□	120□	150	180	180	210
	910	40×45	45×90	90□	105□	120□	150	180	210	240	270
	1,365	40×45	45×90	105□	120□	150	180	210	240	270	300
	1,820	40×45	45×90	105□	150	180	210	240	270	300	330
	2,275	45×90	90□	105□	150	180	210	240	270	300	330
	2,730	45×90	90□	120□	150	180	210	270	300	330	360
	3,185	45×90	90□	120□	150	210	240	270	300	360	390
	3,640	45×90	90□	120□	180	210	240	270	330	360	390
	4,095	45×90	90□	120□	180	210	240	300	330	360	420
	4,550	90□	105□	150	180	210	270	300	330	390	420

表内のA×B表記は、Aが梁幅、Bが梁せい。それ以外は、梁幅120㎜での梁せいを示す

支持形式	(単純梁)	床
荷重条件	(固定荷重)	650N/㎡
	(積載荷重)	1,800N/㎡
樹種		ベイマツ

変形増大係数	2
たわみ制限	20㎜かつスパンの1/250以下
断面欠損	考慮せず
集中荷重	考慮せず

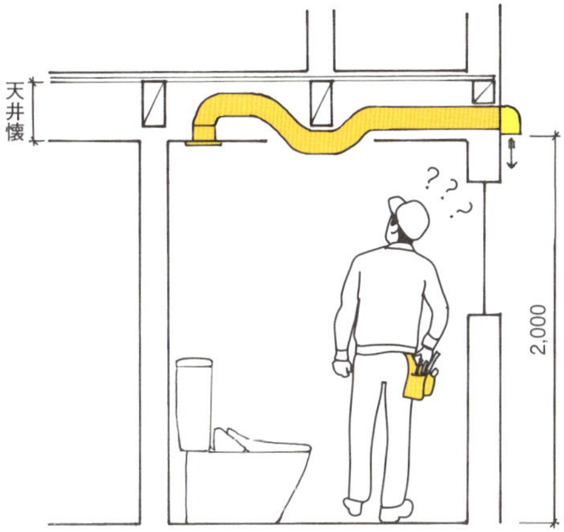

× 梁とダクトがぶつかりがち

設計初心者にありがちなのが、天井懐に納めるはずのダクトや配管が梁にぶつかって納まらないという失敗です。階高や天井高を決める際は、設備類の納まりも重要です。十分な検討をお願いします。

＝ メリハリある高さで、美しく健康的なプロポーションに

階・層

半拍いれて、タン・タ・タン♪

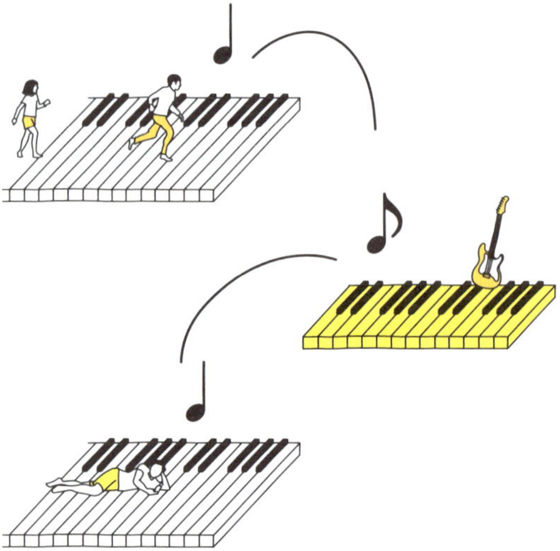

建物の断面から余分な「脂肪」を取り除き、天井の高さにメリハリをつけていくと、ふとあることに気づきます。「もう1層分とれるのではないか？」――そうです。木造2階建てであるにもかかわらず、2階＋0・5階という3層分の床をもつ「木造2・5階建て」が姿を現すのです（ただし条件次第ではできないこともあり）。

普段、私が設計している都市部の住宅の敷地は、25～40坪程度と狭いため、収納スペースの確保にはいつも苦労させられます。その点、断面の工夫で0・5階分をしぼり出せれば、収納の確保はもちろん、吹抜けやスキップフロアなど間取りを愉しくする仕掛けをたくさん盛り込めます。

タン・タン・タン……という単調なリズムに変化をつける、0・5階という「8分音符」。これを使いこなせれば、住まいはより愉しく、リズミカルにまとまっていきます。

2階建てを「2.5階建て」に

2.5階建て

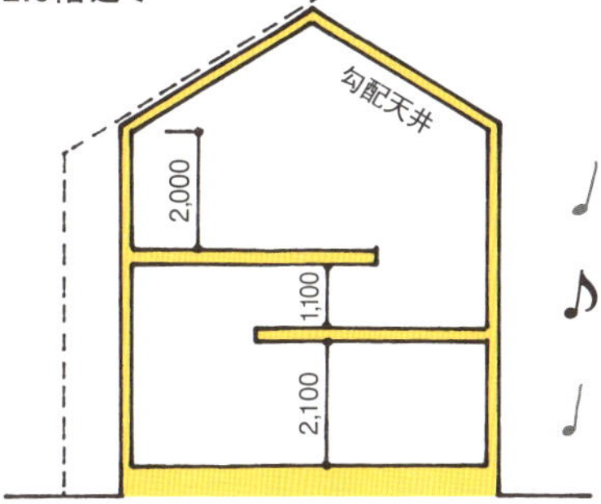

0.5階分をしぼり出そう

1階の天井懐を最低限（250㎜）とし、2階を屋根の傾きに合わせた勾配天井にすると、1.5階分の高さをもつ天井の高い部屋と、0.5階分の高さをもつ大容量の収納スペース（高さ1.4m以下のロフト）が生まれます。

「2.5階建て」といいましたが、法律上は2階建てです。正確には「2.5層」といったほうがよいのでしょうが、便宜上「階」と呼びます

2階建て

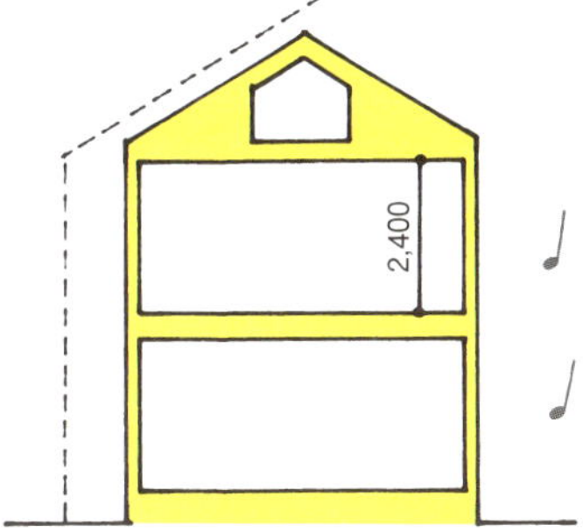

ちょっと足りない

都市部の狭小敷地に建てる2階建ては、十分な床面積を確保できず、採光もままなりません。室内にモノがあふれ、狭い家がより狭く感じられます（敷地が広ければ2階建てで十分です）。

3階建て

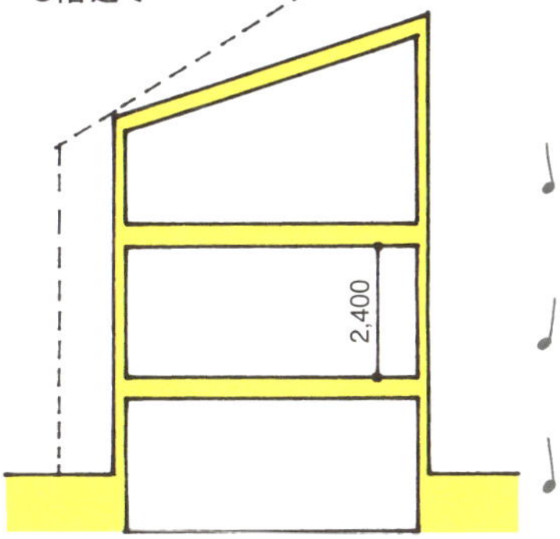

ちょっとやりすぎ

床面積は増えますが、構造上の制約から大きな吹抜けの取りづらい3階建ては、思ったほど広々とした家にできません。そのわりにはコストが急上昇。費用対効果の低い家です。

0.5階の使い道① 収納

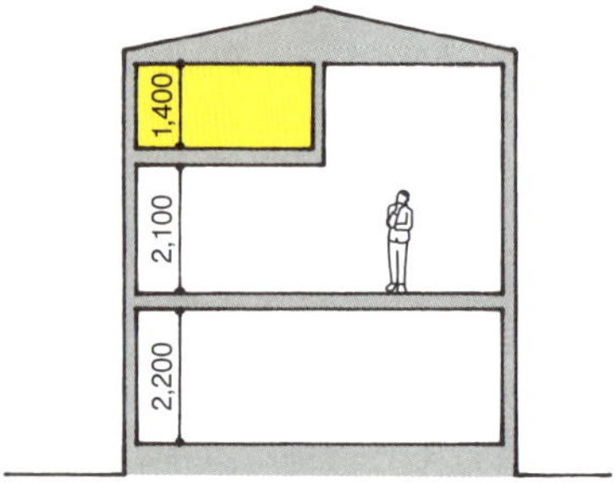

2階の上 ＝ 季節モノの保管

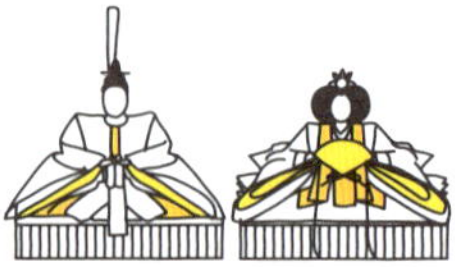

２階の上部は室温が高くなりがちな場所です。乾燥状態が保たれやすく、カビや虫を嫌う季節モノの衣類や雛人形などの保管に向きます。屋根の通気を確保して換気用の窓を設ければ、熱がこもらず多目的な収納スペースとして使えます。

1階と2階の間 ＝ 食材などのストック

温熱環境が安定し位置的にも使いやすい1・２階の間は、使用頻度の高いモノの保管に向いています。食料品、雑貨、洗剤などの買い置きや清掃用具の収納によいでしょう。

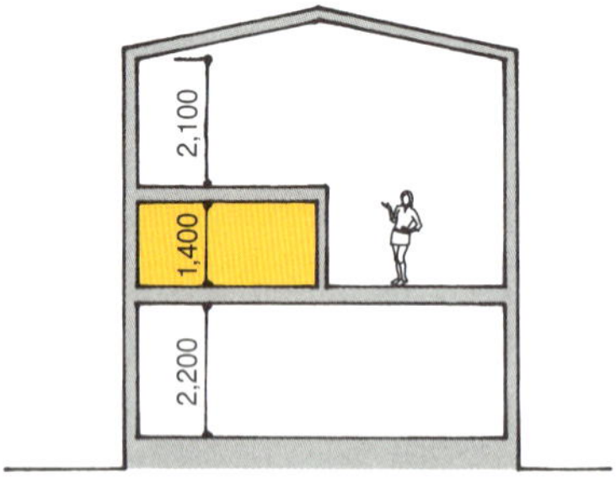

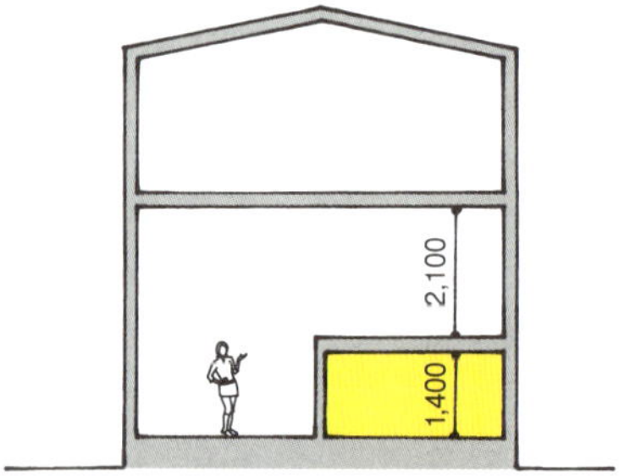

1階の下 ＝ アウトドア系

玄関に近い場所なので、アウトドア系のグッズやスポーツ用具などの収納に向きます。重いモノも、ここなら出し入れがラク。室温が上がりにくい一方、湿度が高くなるので衣類などの保管には向きません。

0.5階の使い道② 吹抜け

1.5層あればよい

吹抜けというと1階の床から2階の天井までスコーンと抜けている状態を思い浮かべる人が多いかもしれません。ただ、天井の存在感というのは高さが3mを超えたあたりから急速に薄れていきます。ということは、吹抜けの高さは1.5層分もあれば十分ということ。0.5階は吹抜けにも利用できます。

「2.5階建て」のつくり方・ロフト篇

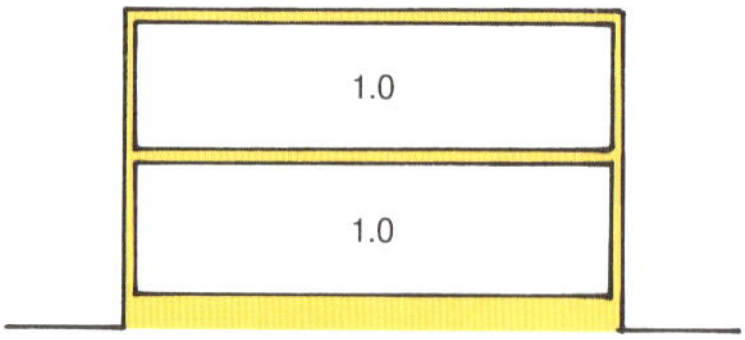

①やはり最初は「豆腐」から

「2.5階建て」をつくるといっても、いきなり2.5層の断面を計画するのは難しいものです、やはりここも、すべての基本となる総2階の「豆腐」をつくるところから始めていきましょう。

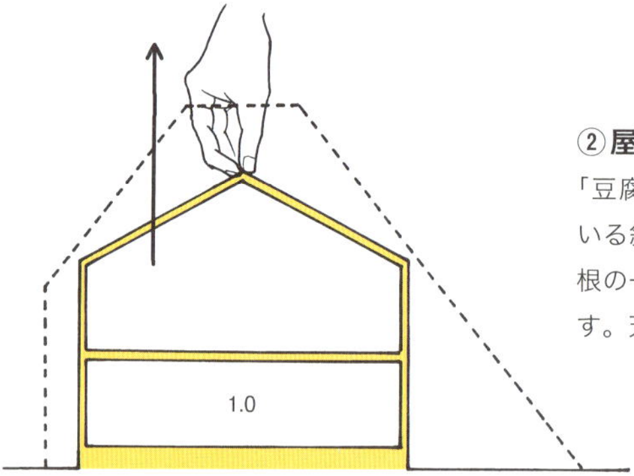

②屋根をつまんで引っぱり上げる

「豆腐」ができたら、事前に確認している斜線制限などを意識しながら、屋根の一部分をつまんで引っぱり上げます。天井の高い部分をつくるのです。

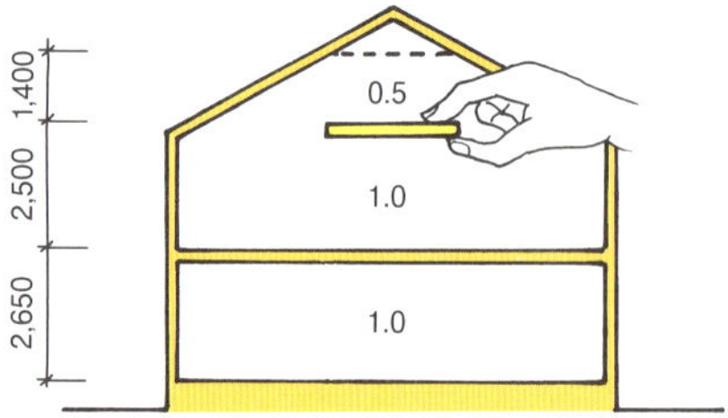

③大空間に床を挿入

天井が高くなった部分に床を挿入します。これでロフトのある「2.5階建て」が完成します（ただし、0.5階は法律上の制約などから必ずしもほしい場所に確保できるとは限りません）。

ロフトの条件（主なもの）

- 天井高が1.4m以下
- 面積は下の階の床面積の半分以下
- 用途は収納（居室ではない）

注）これ以外にも、自治体ごとに細かなルールがたくさんあります。事前の確認をおこたらないように

「2.5階建て」のつくり方・スキップフロア篇

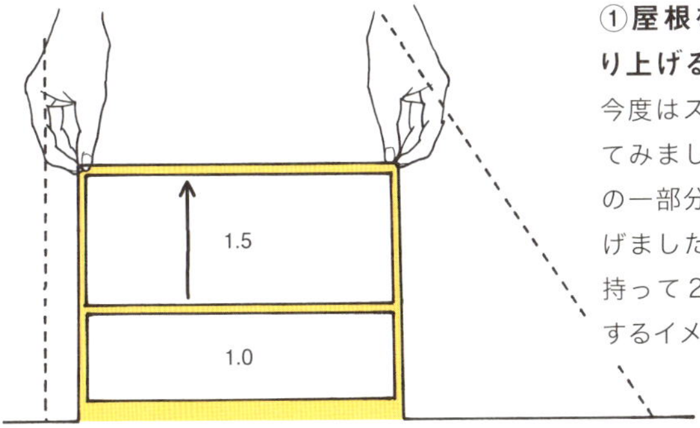

①屋根を両サイドから引っぱり上げる

今度はスキップフロアをつくってみましょう。先ほどは、屋根の一部分をつまんで引っぱり上げましたが、今度は両サイドを持って2階の天井を丸ごと高くするイメージで引き上げます。

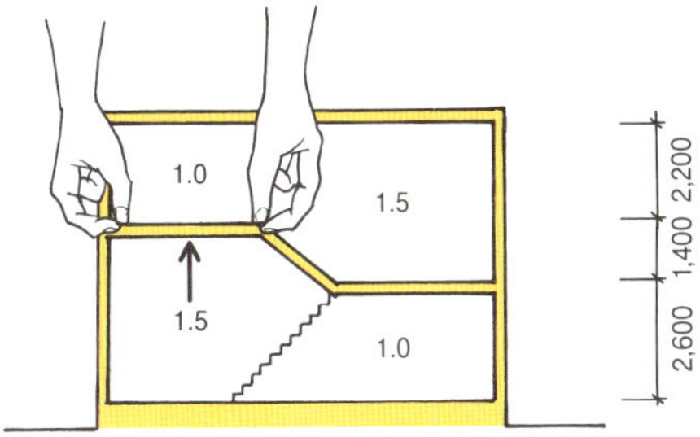

②2階の床を部分的に上げる

2階の天井が1.5階分の高さになったので、2階の床の一部を0.5階分上げます。これでスキップフロアが1つ出来ました。

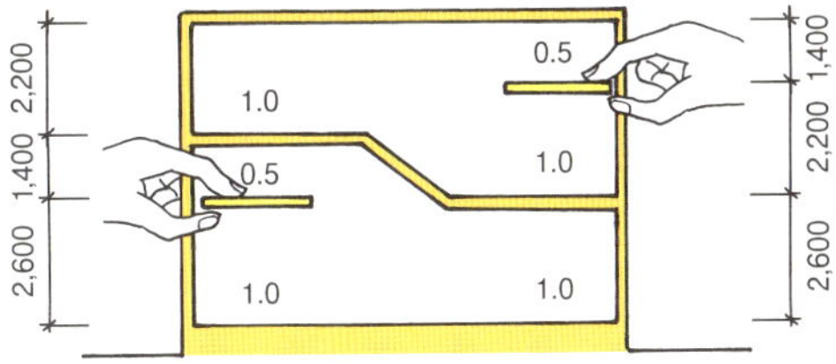

③可能な場所には、さらに床を追加

トイレや洗面脱衣室などの水廻りや収納専用の部屋は、天井を低めにしても構いません。これらの部屋を、1.5階分の天井高を確保したスペースに配置し、その上に小さな床を挿入できれば、スキップフロアをもつ建物にさらにロフトも確保できます。

＝ 0.5階でリズム感のよい家に

吹抜け・段差

平面のワザを90°回転。

『アイデアのつくり方』（ジェームス・W・ヤング／阪急コミュニケーションズ）という古典的名著があります。そこに書かれている「アイデアとは既存の要素の新しい組み合わせ以外の何ものでもない」という言葉に、私はハタと膝を打ちました。前章で述べた「間仕切りなし」「抜け」「たまり」「奥行き」といった間取りの質を上げるテクニックに、「縦方向」という要素を組み合わせると、断面の間取りをさらに豊かにするアイデア、「吹抜け」「段差」という二大テクニックが生み出されるからです。

間仕切壁を減らすと室内が広々となるように、吹抜けで一階と二階を仕切る床面を減らすと、体感する気積が増え、さらに広々とした家に変わります。また、床の高さに段差をつけると、段差がそのまま「たまり」になります。視線が制御されるので奥行き感も生まれます。ぜひお試しあれ。

（平面）壁なし ＝（断面）床なし

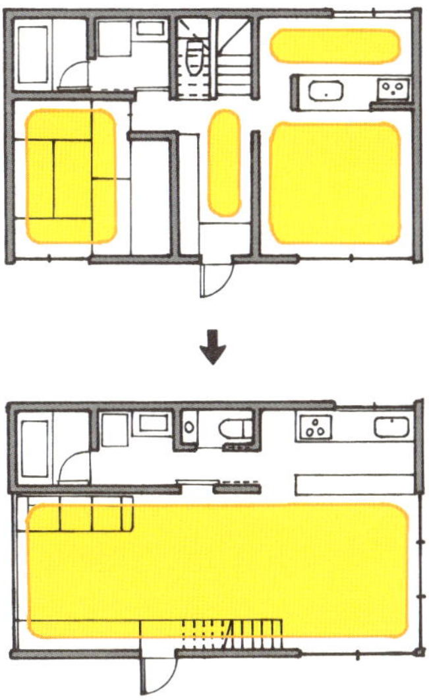

間仕切壁を減らした平面図
広々とした住まいに変化します。

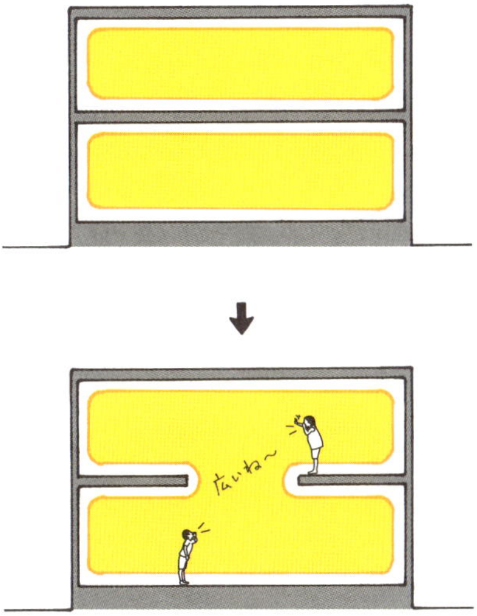

床面を減らした断面図
もっと広々とした住まいになります。

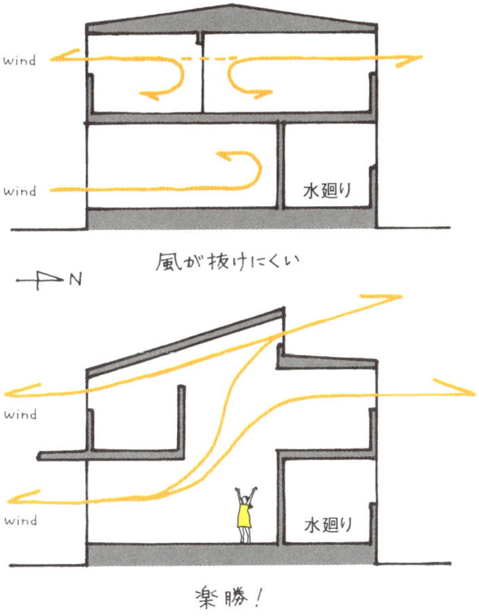

床が抜ければ、風も抜ける

たとえば、1階の北側に水廻りを集約する間取りは（現実的にそういう間取りになることが多い）、プライバシーに配慮して間仕切壁をつくらざるを得ないので、南側の窓から入った風が北側の窓へ抜けていくルートを確保しにくくなります。その点、吹抜けのある間取りなら、南からの風が吹抜けを介して2階の北側へ運ばれます。建物全体の風通しの確保、湿気やにおいの滞留を防ぐという意味でも、吹抜けは重要な役割を果たすのです。

すぐできる、吹抜けのつくり方

①階段とコンビを結成

吹抜けも階段も、床に孔をあけてつくられます。床に孔をあけるということは、そのぶん耐震性能が下がるということです。ですからこの2つは、なるべくセットにして孔を1つにまとめます。1間×1間半の吹抜けで階段が無理なく納まります。

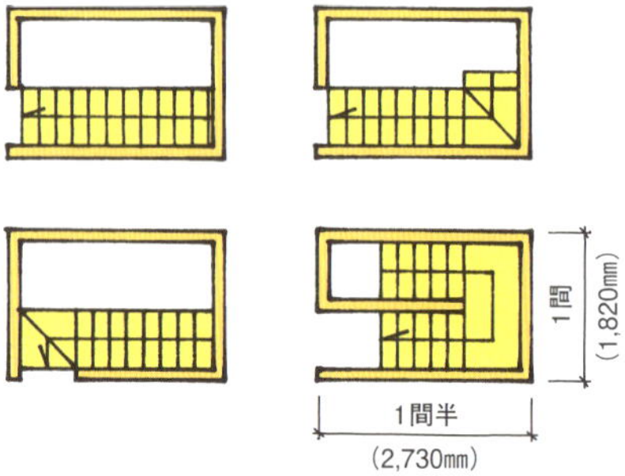

↓

②階段と一緒に中央に配置

「玄関」のページで述べたセオリーどおり、階段を建物の中央付近に配置します。そうすると、階段とコンビを組む吹抜けも当然、建物の中央付近に配置されます。はい、これで吹抜けの完成。簡単ですね。

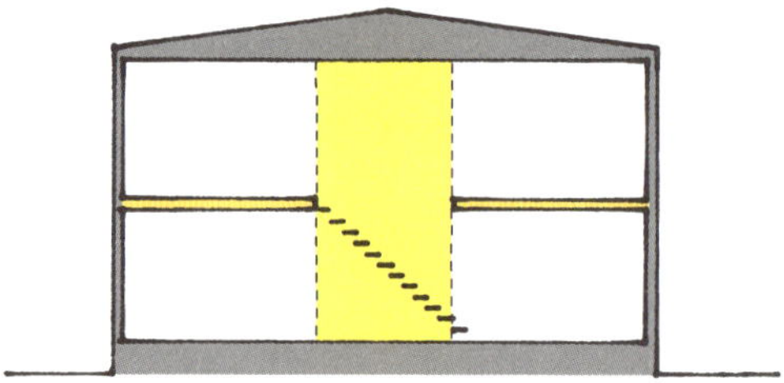

↓

③伸ばすとさらに効果的

吹抜けのサイズは1間×1間半でもよいのですが、長方形の建物ならば長手方向に吹抜けを伸ばすと、1階の隅から2階の隅までが吹抜けを介して一気に見渡せるようになります。「抜け」がとてもよくなるのです。

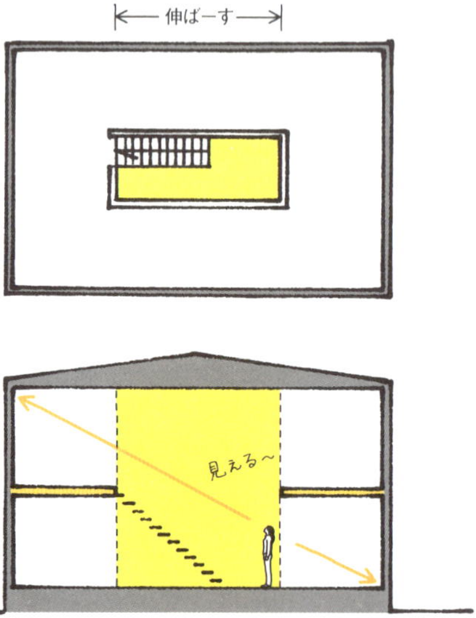

外周面につくるなら

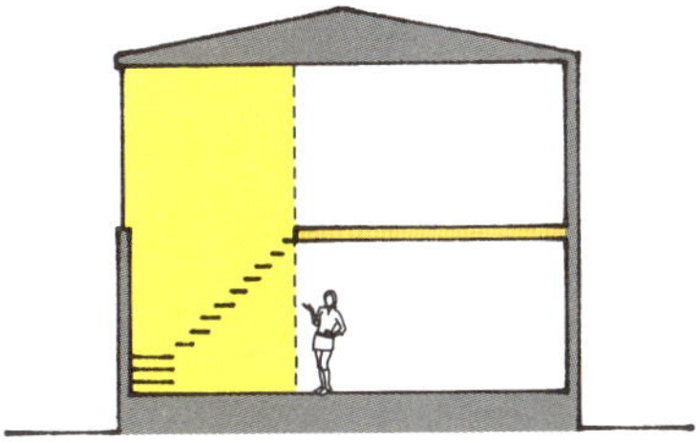

中央のゾーン内で動かす

吹抜け（階段）は、いつも中央付近に配置されるとは限りません。建物外周に面して設けたいときもあるでしょう。そんなときは、まずゾーニングです。平面を３分割して、中央を吹抜けゾーン、それ以外を居室ゾーンとします。そのうえで、吹抜けゾーンの範囲内で吹抜けの位置を動かします。このゾーンから外れると、おかしな吹抜けになるリスクが高まりますので、ご注意ください。

ゾーニングの方法

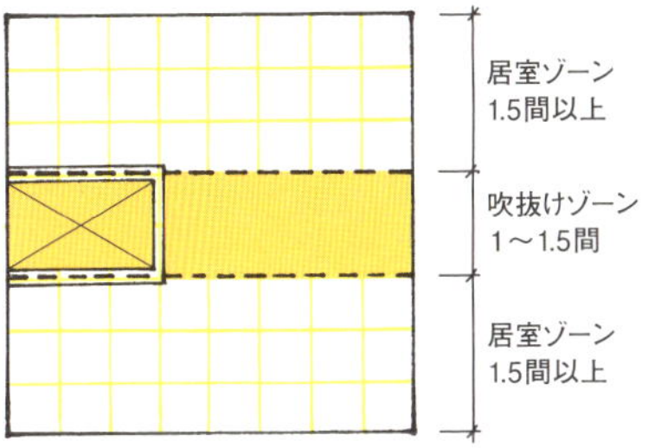

正方形の建物（平面図）

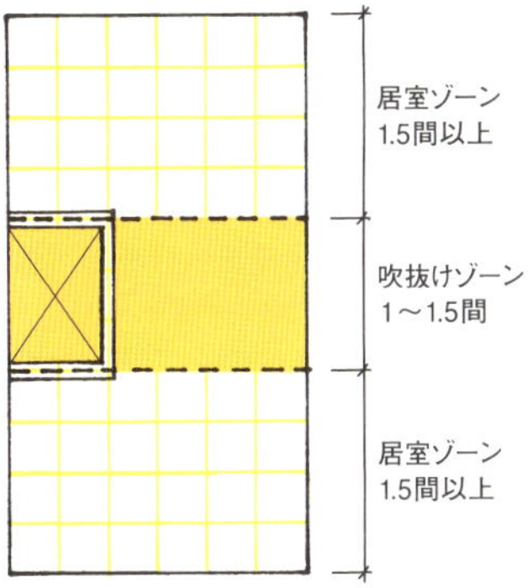

長方形の建物（平面図）

学生が描くおかしな吹抜け

吹抜けをつくってよい部屋は、原則として「①階段」「②リビング・ダイニング」「③玄関ホール」の３つです。個室、トイレ、洗面脱衣室などプライバシーが求められる部屋は、吹抜けに適しません。図は、学生たちがつくりがちな、おかしな吹抜けの例です。

段差をつくるなら、こんなところ

①キッチンと
ダイニングの
段差

椅子にもゴロ寝にも

キッチンとダイニングの床は、通常は同じ高さにするのが一般的です。けれど、ダイニングの床を部分的に高くすると、床がそのまま「椅子」になります。ついでに「小上がり」にもなります。食後はそのままゴロ寝ができます。

②ダイニングと
リビングの段差

リビングの「たまり度」がアップ

リビングの床をダイニングより低くすると、そこが「たまり」となって空間にくつろぎと落ち着きがもたらされます。相対的に、天井も高くなります。ここに吹抜けを設ければ、開放感はさらに増すでしょう。

窓際の床を高くしてみよう（2回目）

「たまり」のページでも述べましたが、とても効果的なのでもう一度言わせてください。リビングの窓際の床を400㎜程度高くすると、そこが「室内に設けた縁側」となり、大人も子供もつい座りたくなる人気抜群の場所に変身します。これも段差の効用です。

「段差の王様」スキップフロア

床段差の究極形といえば、スキップフロアでしょう。床の高さを半階分変化させるだけで、吹抜けとはひと味違う空間の広がりや愉しさが得られます。半階分高くなった床下を、大容量の収納スペースとして利用できるのも大きな利点です。

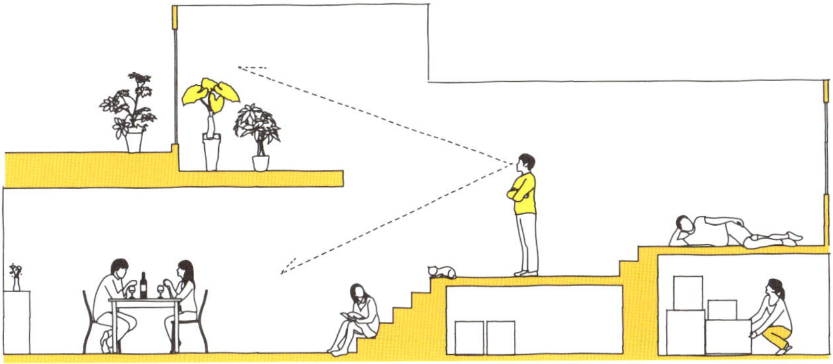

1/3階スキップ
床を1,000㎜程度上げると、下部に低めの床下収納ができます

半階スキップ
床を1,400㎜程度上げると、下部にかがんで使えるロフトができます

1,000㎜以上の段差が取れるなら、下部の収納を意識したいですね

視界の変化は空間の変化
スキップフロアをつくると、視線の先に広がる景色がガラッと変わります。上下階が同時に視野に入るので、空間全体がより広く感じられるようになります。

＝ 視界の変化を縦方向にも

階段

多彩な起用法に応えます。

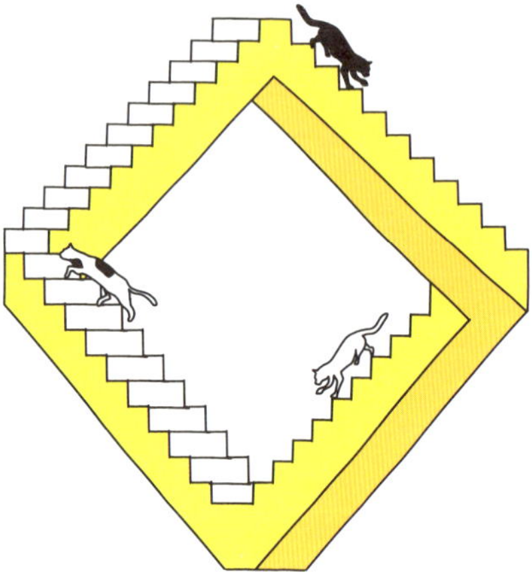

野球でいえば内野も外野も守れる選手、サッカーでいえばMFもDFもできる選手。そういう万能型の選手をユーティリティプレーヤーと呼びますが、間取りの世界で同様の活躍を見せてくれるのが階段です。ただ、その能力を存分に発揮させている設計者は少ないのが実状。階段の起用法について、あらためて考えてみましょう。

廊下を短くするために階段はなるべく中央付近に設ける、という話はすでにしました。これは階段の「移動」に関する起用法。階段はこれ以外にも、「収納」という能力をもちます。デッドスペースになりがちな階段下を、収納やトイレに利用するのです。さらにさらに、本来、上下移動を目的に設ける階段を、「移動のために使わない」という使い方もあります。では、何に使うの？　皆さんも階段のポテンシャルを存分に引き出す方法を考えてみてください。

階段の「身体測定」

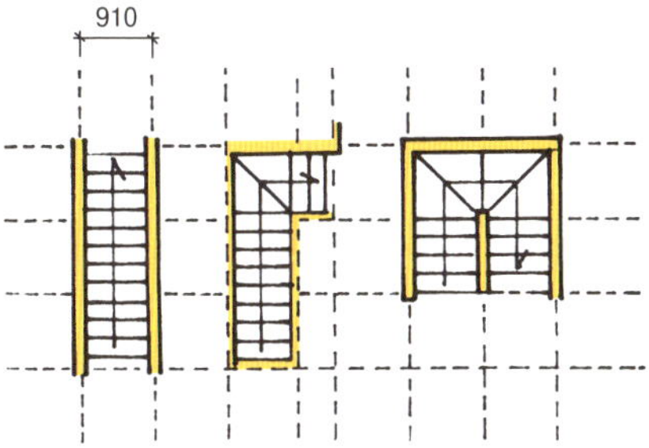

階段が欲しがるスペース

3尺角（910㎜）を1コマとすると、階段は形状別に3～4コマの面積を必要とします。最も省スペースなのは3コマの直進階段ですが、間取りを考えるうえでラクに納まるのは4コマの回り階段です。

踏み面・蹴上げ・段数の適正値

踏《ふ》み面《づら》（T）と蹴《け》上《あ》げ（R）の寸法は、適正な範囲内に収めないと昇降しにくい階段になります。個人的には、踏み面220～240㎜×蹴上げ200～210㎜の階段が小住宅ではおすすめです。

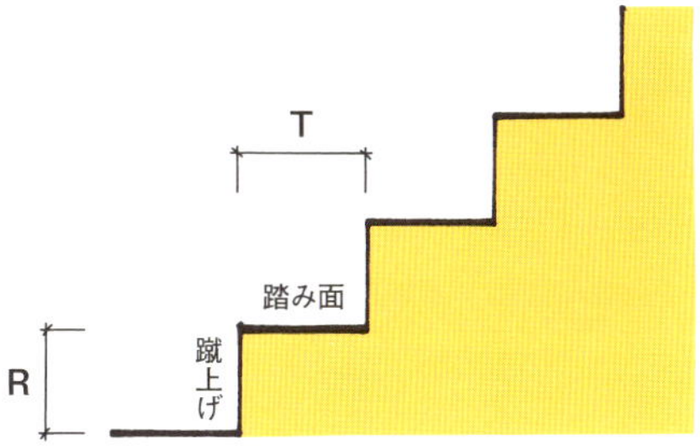

550≦T＋2R≦650　かつ勾配45°以下

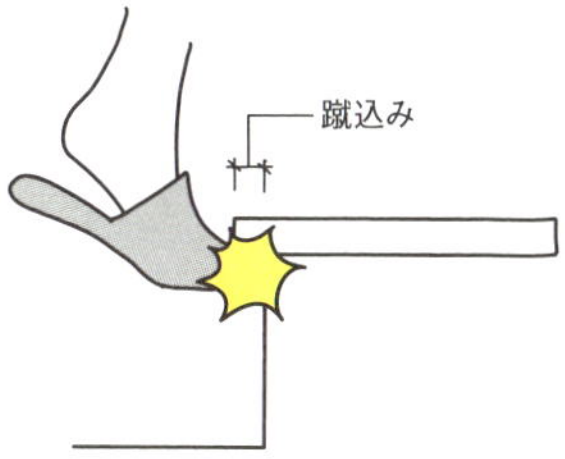

蹴込みのアル・ナシ

使用時の安全性を考えれば、踏み面は小さいより大きいほうがベターです。けれど高齢者にとっては、踏み面を大きくすることで蹴《け》込《こ》みができると、蹴込みに爪先を引っ掛けやすくなります。居住者の構成次第では「蹴込みナシ」という選択もアリです。

回り段には危険がいっぱい

矩《かね》折《お》れ階段の「回り段」部分は、降りるときに転びやすいので個人的にはおすすめしません。とくに90°を3分割するような回り段は高齢者の大敵。なるべくつくらないように。

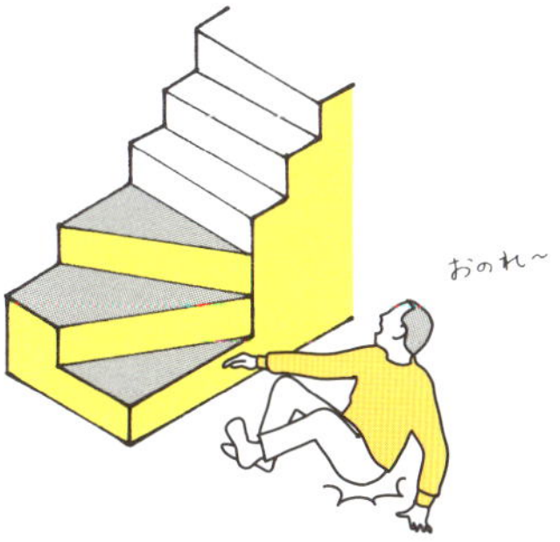

階段下を活用しよう

トイレを入れるなら7段目!

階段の下にトイレを納めるときは、7段目の真ん中あたりに便器の「背中」がくるようにします。そうすると、立ち上がったとき頭が階段の裏にぶつかりません。ちなみに、直進階段なら階段の始まりからトイレの端まで、約1.5間(2,730㎜)のスペースが必要です。

どうせ死ぬなら階段で

階段の下をデッドスペースにしないためには、いっそここも階段で埋めてしまうという手があります。というのも、階段の真上には床をつくれませんが、同じ階段であれば、階段の真上に重ねてつくることができるからです。2階からさらに上階へ昇る階段が必要な建物(3階建てなど)なら、「階段は階段の上に積む」を原則にしておくと、デッドスペースの削減になります。

移動に使わない① 腰かける

幅広 ＋ ゆる勾配でのんびり

ラファエロの有名な絵画「アテナイの学堂」です。よく見ると、階段の真ん中でダラッとしている人（ディオゲネスさん）がいます。こういう使い方も階段の活用法の一つでしょう。段板の幅を広くして、かつ勾配をゆるめに設定すると、階段がある種の「たまり」として機能するのです。

この手法は、スキップフロアをつなぐ短い階段でとくに有効です。階段上下の床が「高低差のある連続した床」のようにも見えてきます

移動に使わない② ベンチ併設

1～2段目を「縁側」に

本来、階段の1～2段目となる位置に大きな床段差をつくって階段に接続するという活用法です。基本的には、「吹抜け・段差」のページで述べた“室内の縁側”と同じものですが、ここに階段が接続されるとまた趣が変わります。幅の狭い階段でも、全体にゆったりとした階段に見えてくるので不思議です。

やっぱり猫は好き

「自分は階段が好きで好きで……」という人はまずいませんが、ネコはもれなく階段が大好きです。写真の階段は本来屋上のメンテナンス用に設けたものですが、普段はほとんど使わないので、主にネコの利用を想定して箱階段型のキャットタワーとして使えるようにつくりました。人間が使わない動線なので、ネコにとっては最高の「たまり」になっています。

こちらは、最初からネコ専用としてつくった片持ち階段です。ここを伝ってカーテンボックスや梁の上まで登っていけます。下はパソコンカウンター。皆さん仲良くやっているようです。

＝ 上下の移動だけではモッタイナイぞ

採光

自然に合わせて、上から下へ。

間取りを考えていくうえで、いちばんピンとこないのは「光」かもしれません。「ここは南向きだから日当たりがよさそう」「この部屋は西向きだから夏の西日に気をつけないと」。われわれが建物と方角について語るとき、頭に浮かべているイメージはおしなべて平面的です。でも、よくよく考えてみてください。光と熱の発生源たる太陽は、日没寸前まで建物の上方に位置しています。むしろ、上下方向で考えたほうが自然ではないでしょうか。

とくに住宅密集地では、隣家の屋根越しに採り込んだ光を、吹抜けや階段を介して下階まで導く手法が効果を発揮します。断面の間取りを眺め、昼間でも暗くなりそうな場所があれば、上部に窓を設けてみましょう。周囲に建物が少ないゆったりとした敷地でも、上からの採光が上手にできれば、わが家が一層明るくなります。

光は低きに流れる

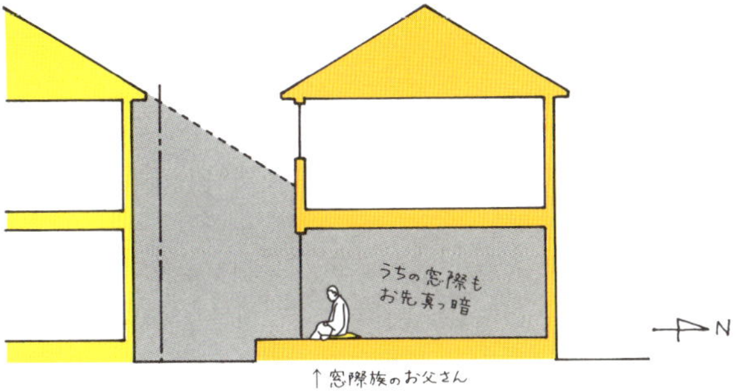

✕ ありがちな失敗

建て売りの住宅地でよく見かける例です。日当たり優先のつもりで１階南側にリビングを設けたものの、南側に隣家が迫っているので日が当たりません。

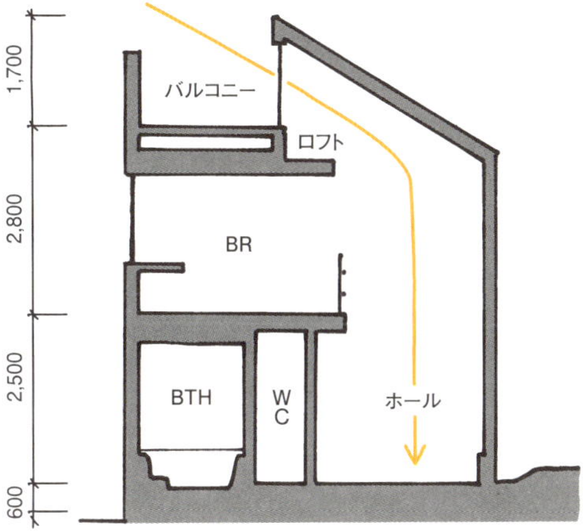

○ ハイサイド発・吹抜け経由

１階の南側が隣家の影になる家でも、２階の上部にハイサイドライトを設けてやれば、吹抜けや階段を経由して１階まで光が落ちていきます。これで日中は、照明を付けなくても明るい家になります。

△ トップライトにご用心

「光を上から」といえば、トップライト（天窓）でしょう。でもトップライトは、真夏の日射がダイレクトに射し込む、漏水の危険性が高い、掃除も面倒という、デメリットのかたまりのような窓です。とくに理由のないかぎり、個人的にはハイサイドライトをおすすめしています。

ハイサイドライト術① サイズとカタチ

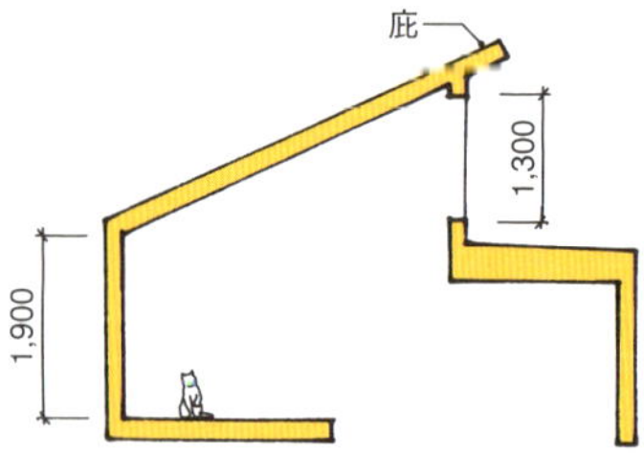

1階から上がってくる熱気を外部に放出できるよう、開閉式にしておくとよいでしょう。また、窓の外には庇をつけましょう

「普通」の大きさでよい

建物上部に設けるハイサイドライトは、むやみに大きくする必要はありません。夏場の日射を考慮すれば、900～1,300㎜程度の高さに抑えておくのが無難です。光量の確保にはこれで十分。なお、ハイサイドライトの上部は「下がり壁」をつくらないほうが、デザイン上きれいにまとまります。

ハイサイドライト術② 間接照明

強い光は弱めて落とす

外部からの光は、あればあるほどよいというわけでもありません。とくに光量が強い南面のハイサイドライトは、直接光ではまぶしすぎます。そんなときは、採り入れた光を勾配天井に反射させ、いったん光量を弱めてから下階に落とす方法が有効です。こうすると、家全体がフワッと明るい光で満たされるようになります。

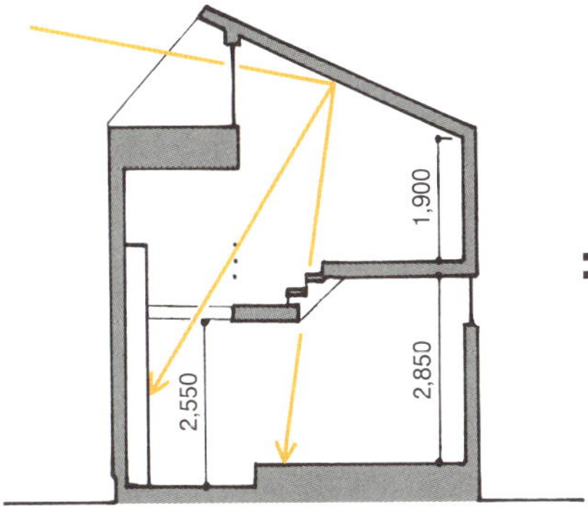

=

写真撮影で使うレフ板の原理です

吹抜けのポジショニング

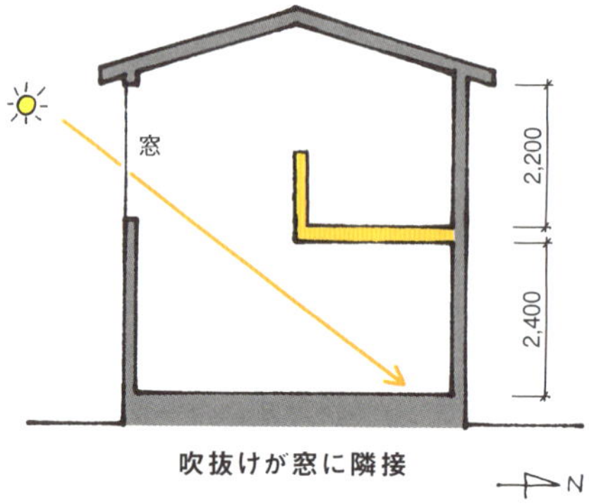

吹抜けが窓に隣接

吹抜けと窓の親密な関係

光の通り道ともなる吹抜けは、南面の窓に隣接して設けると、1階の奥までダイレクトに光を採り込めます。南側の隣家から2階の窓まで4.5m以上の距離があれば、冬至の日でも光が入ります。採光という役割だけに着目すれば、吹抜けは直接窓に面して設けるか、通路程度の床を挟んで設けるのがベターです。

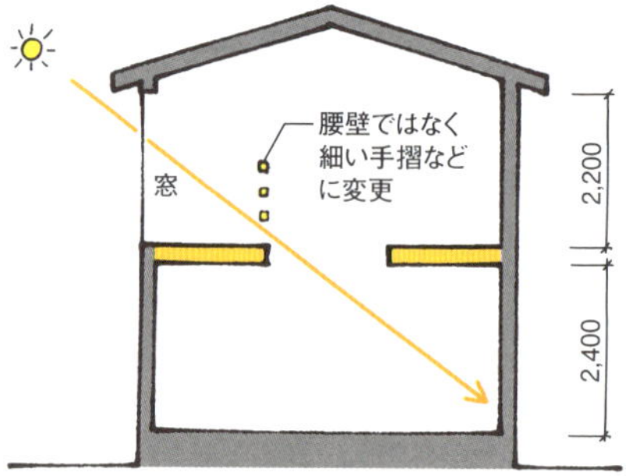

吹抜けが建物中央付近にある

ただし、吹抜けが（セオリーどおり）建物中央付近に位置する場合は、吹抜けの周囲に腰壁があると、そこで光がブロックされて1階まで光が落ちにくくなります。そんなときは腰壁を細いスチール製の手摺に変えるなど、光をスムーズに落とせるアイデアを考えてみましょう。

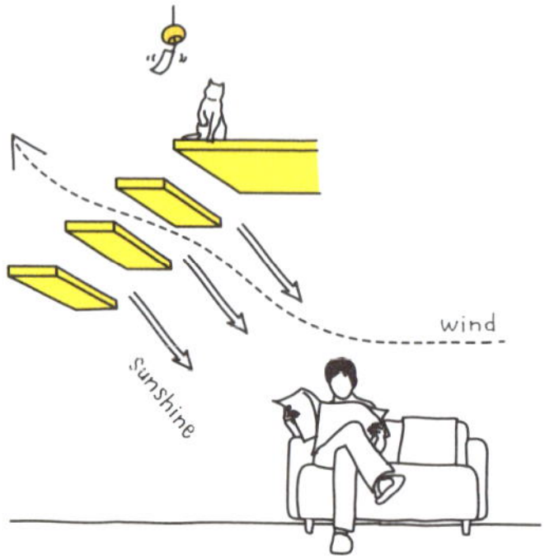

階段はスケルトンで決まり

上からの光を階段経由で落とすなら、蹴込み板のない「スケルトン階段」にするのが定石です。段板と段板の間を光と風が通り抜けます。断面の間取りを良くするうえで、スケルトン階段は欠かせない存在といえます。

STEP
4
採
光

平屋にも光を！

✕ 真ん中が暗くなりがち

採光計画が意外となおざりになるのが平屋です。平屋は、敷地の面積に余裕があってよく日が当たる場所に建てられるケースが多いため、「日当たりの良い家」というイメージがなんとなくあります。けれど、建物の規模がある程度大きくなると、中心部には光が届きにくく、昼間も暗い家になりがちです。

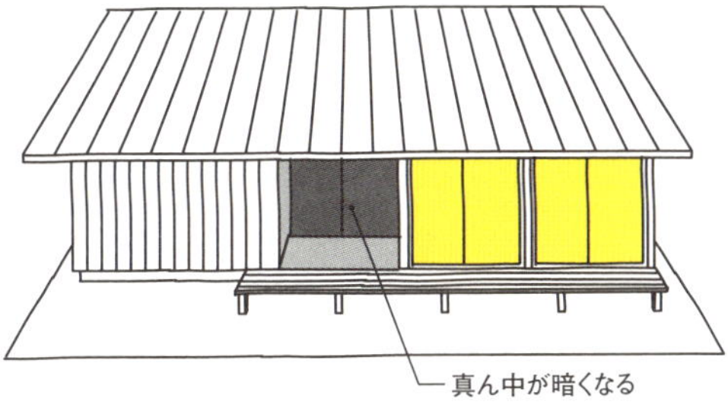

○ 真ん中だけ2階建てに

そこで、こんな工夫をしたことがありました。平屋の中央に小規模な２階部分を設け、そこから光を落としたのです。屋根面に直接トップライトを設けてもよかったのですが、前述の理由からハイサイドライトで対応しました。真ん中が暗くなりがちな平屋の採光例です。

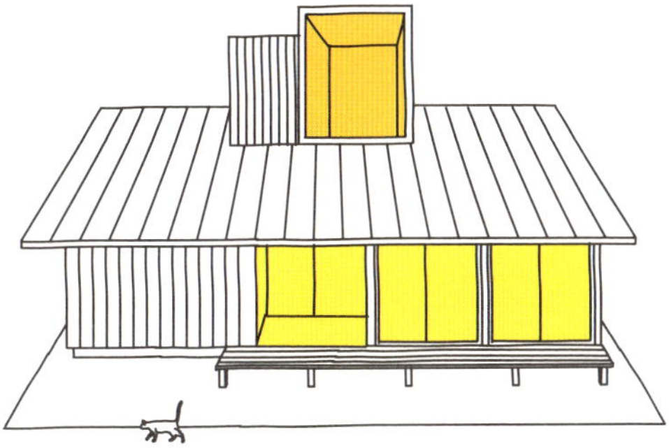

＝ 光は東西南北＋上下方向で考える

矩計

ワンパターンで、いいんです。

これまで私が設計した住宅を見て、「どれもこれも凝ったデザインで、設計は大変だったでしょう」と、ねぎらってくれる人がいます。ありがたいことです。でも、実はそれほどでもありません。一見複雑に見える建物も、基本となる骨組みや性能を担保する仕様はすべて同じなので、見た目ほど複雑な設計はしていないのです。設計の核は同じでも、それ以外の部分が変化に富んでいれば、おのずと凝ったデザインに見えてくるのです。

頭のてっぺんから足の先まで、建物を縦方向にスパッと切って詳細を明らかにした図面を矩計図といいます。矩計と書いて「かなばかり」と読みます。本書の最後は、どのような住宅でも同じように描いている私の矩計図を紹介して締めくくりたいと思います。間取りには二つとして同じものがありませんが、矩計は常にワンパターンです。

耐力壁は外側に

木造住宅のつくり方は、柱・梁・筋《すじ》かいでつくる在来軸組《ざいらいじくぐみ》構法と、構造用面材を中心につくる2×4構法が主流です。私のワンパターンは在来軸組構法に構造用面材を張る両者のいいとこ取りをした方法。建物内部の柱や壁を最小限にするため、耐力壁《たいりょくへき》はなるべく建物外周部に配置します。こうすると間取りを「邪魔するもの」が減り、開放的な間取りをつくりやすくなります。

柱の立て方、梁の架け方（平面図）

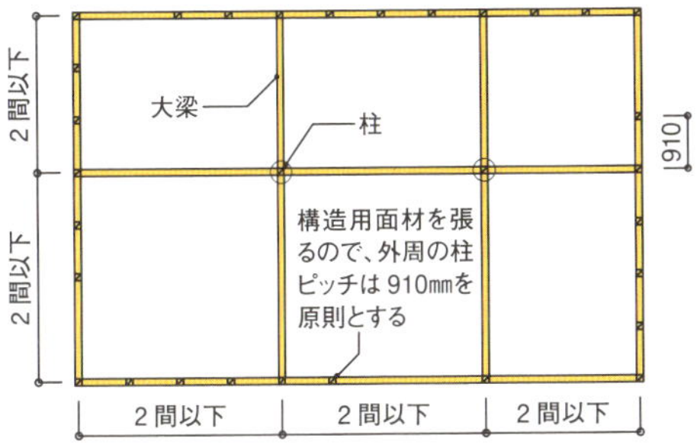

柱と梁で基本的な軸組をつくり、構造用の面材を張ります。下の写真だけ見ると、2×4構法のようにも見えます

耐力壁はなるべく外側に設ける（平面図）

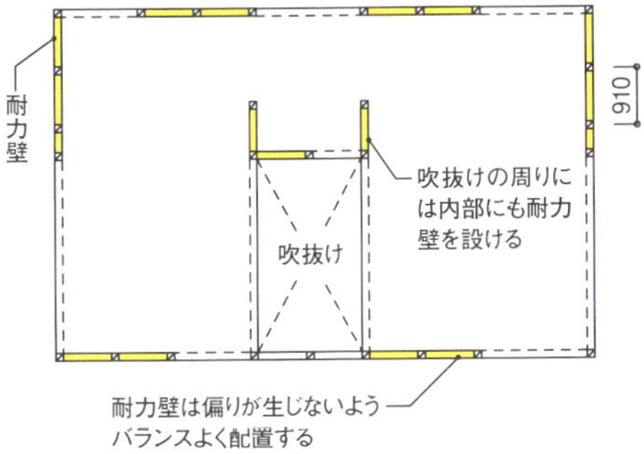

耐力壁量は建築基準法で求められている基準の1.5倍が目安です。

床・壁・窓のワンパターン

床・壁・窓の断熱設計もワンパターンです。基本的には、「断熱等性能等級４」が標準。この基準を満たせば、大きな吹抜けのある間取りでもエアコン１～２台で通年過ごせます。

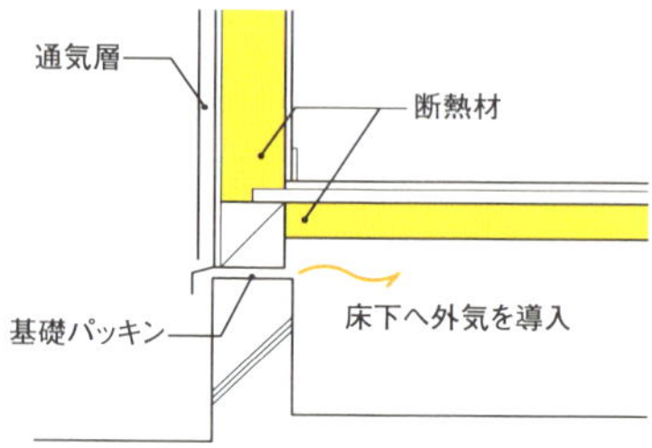

床と壁の断熱仕様（Ⅳ地域の場合）

壁の断熱材には高性能グラスウール14K・105㎜を使用します（耳付き袋入り）。外張り断熱にする必要はありません。床には押出法ポリスチレンフォーム65㎜を充塡。断熱材がずり落ちないよう、ステンレスのZ形金物で留めておきます。

壁の断熱と通気

外壁の仕上げ材が縦張りなら、裏側に欠き込みのあるエアーホール胴縁を使って壁内の湿気を排出します。

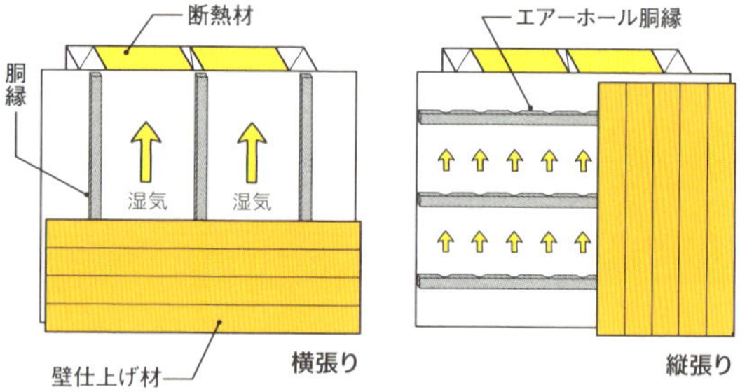

ガラスの性能（日射熱取得率）

単板ガラス
（3㎜）

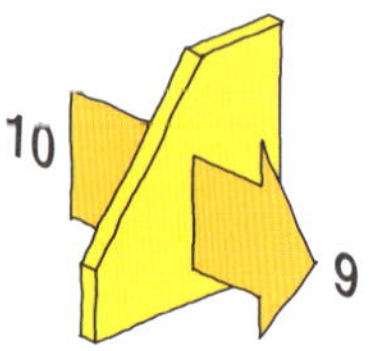

熱貫流率 6.0W/㎡·K

ペアガラス
（3㎜+A16 +3㎜）

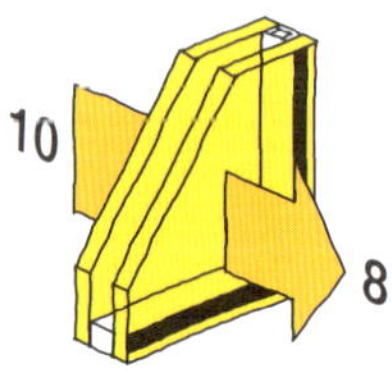

熱貫流率 2.7W/㎡·K

遮熱Low-Eペアガラス
（3㎜＋Ar16 ＋3㎜）

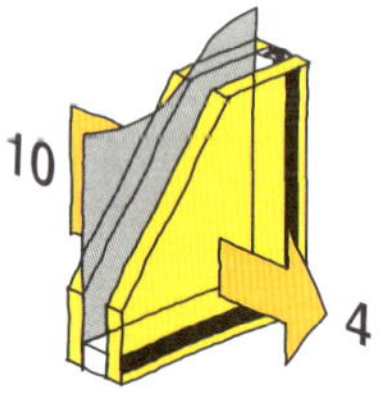

熱貫流率 1.2W/㎡·K

窓は住宅のなかで最も熱の出入りが激しい場所です。ゆえに、窓ガラスは断熱性能の高いLow-Eガラスを、サッシは樹脂製を標準にします。夏の日射を遮り、冬の日射を取り入れるため、南の窓には庇を付け、南面は断熱タイプ、東西北面は遮熱タイプのLow-Eペアガラスを使い分けます。

屋根の断熱もワンパターン

屋根の断熱設計も以下のワンパターンですが、デザインによって2種類を使い分けています。構造材をデザインとして見せる場合は、フェノールフォーム100㎜の外張り断熱、見せないのなら高性能グラスウール185㎜の充塡断熱です。

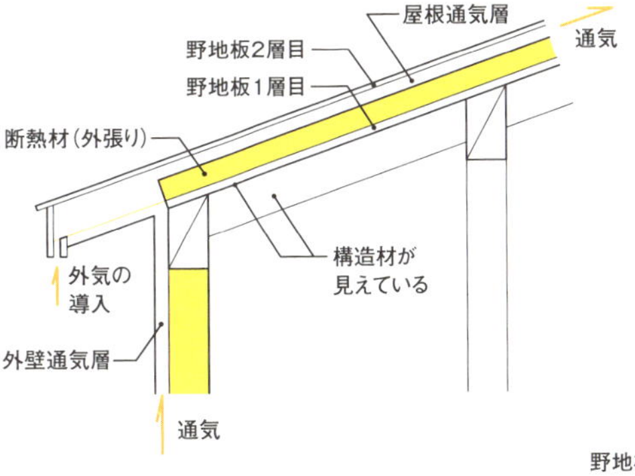

構造材を見せる場合

外張り断熱のときは野地板《のじいた》を、通気用の垂木《たるき》を挟んで二重に張ります（構造用と屋根材固定用）。断熱材は垂木と垂木の間に落とし込みます。この骨組みなら通気用の垂木だけで910㎜程度の軒を出せます。

構造材を見せない場合

充填断熱でも、野地板は通気用の垂木を挟む二重張りにしています。

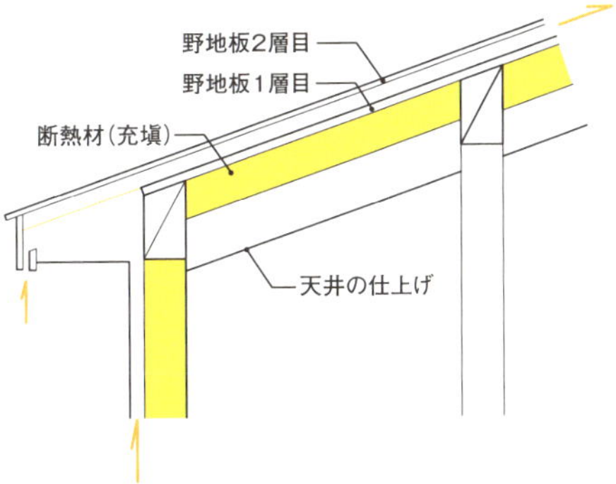

空気を動かして屋根裏部屋を使う

屋根は太陽の熱をダイレクトに受ける場所ですが、断熱をしっかりして断熱材の上にある熱い空気を屋根頂部から抜けるようにしておくと、夏でも「屋根裏部屋」が使えるようになります。これも、私のワンパターンです。

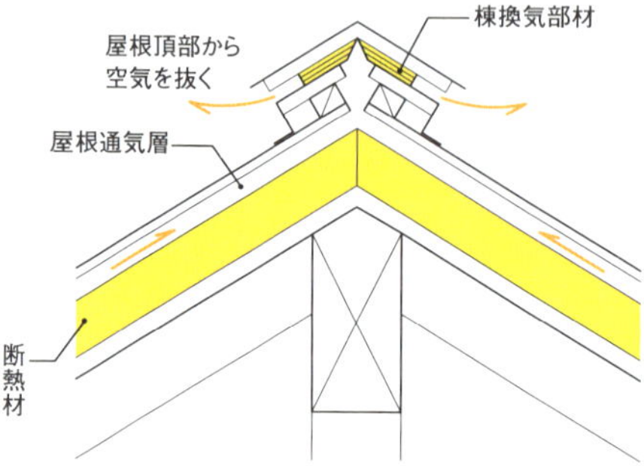

棟換気の仕様

屋根の熱気を頂部の棟《むね》から抜いています。雨水が吹き込まないよう、既製品の棟換気部材をつけておきます。

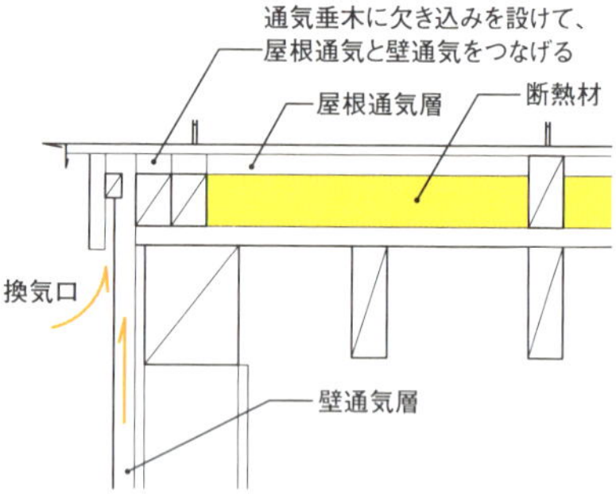

けらばの通気

けらばは、壁の通気層と屋根の通気層をつなげます。けらば部分の通気用垂木だけ方向を変えるか、通気用の垂木に欠き込みを入れるかすれば、空気がスムーズに抜けてくれます。

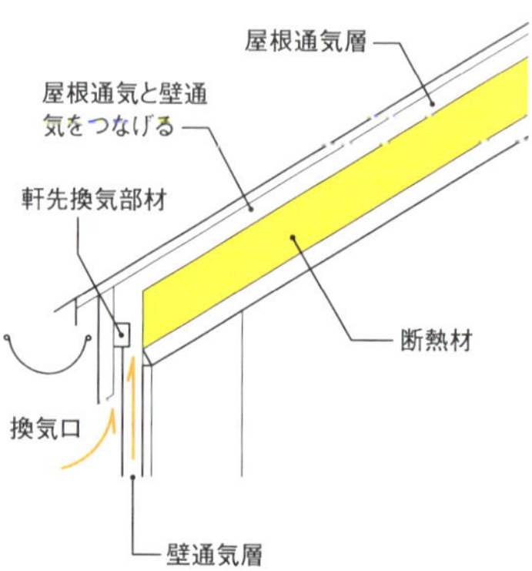

軒先の通気

けらば同様、壁の通気層と屋根の通気層をつなげ、軒先からも空気を取り入れられるようにしておきます。雨水が吹き込まないよう、ここにも既製品の軒先換気部材をつけておきます。

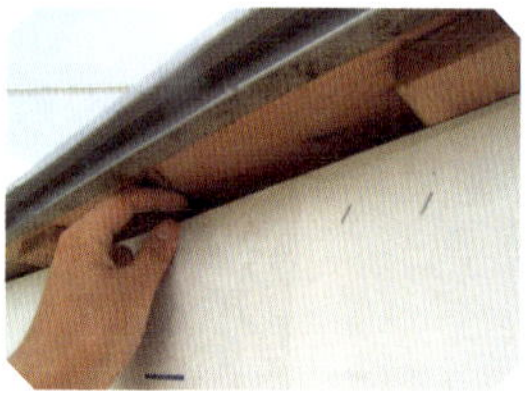

合理化構法もワンパターン

建築構法を合理化する目的の一つは、「建物の品質が職人さんの技術に左右される範囲を狭める」ことにあります。品質差は小さいに越したことはありません。私も積極的に合理化構法を採用しています。

ひと昔前の在来軸組構法

【屋根】水平の小屋梁の上に束を立て、母屋《もや》、垂木を載せる形式。施工はラクですが、構造の強度はあまりありません。
【床】土台や大引《おおびき》の上に根太《ねだ》を載せて床板を張ります。根太を載せることで隙間ができやすく、冬場は寒い風が入りやすくなります。

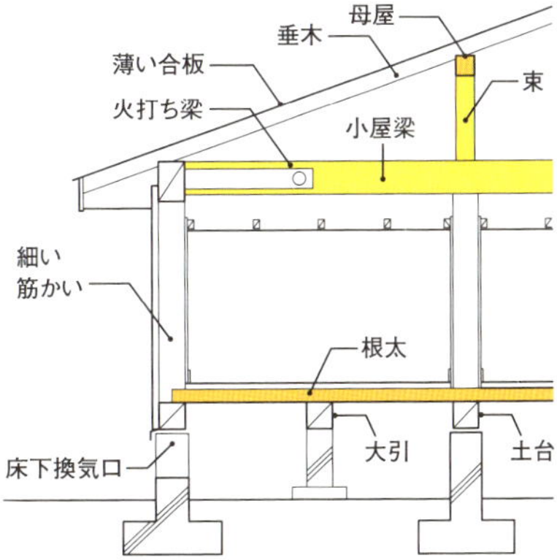

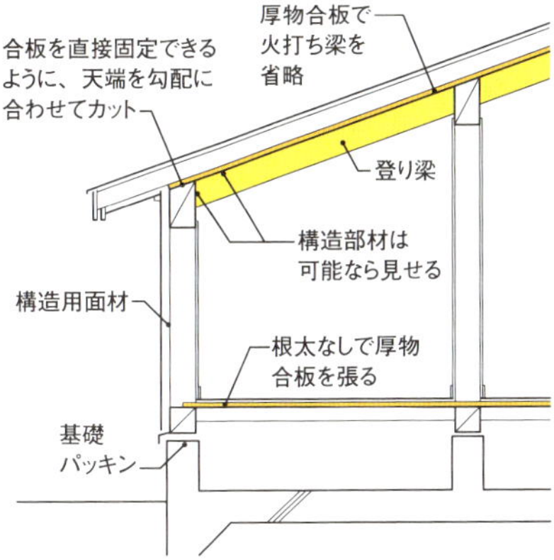

現代の合理化構法
（私のワンパターン）

【屋根】勾配に合わせて梁を組む「登《のぼ》り梁《ばり》」形式。1層目の野地板に厚物合板を使用して火打ち梁を省略します。
【床】土台や大引に厚物合板を直接釘打ち。構造的には火打ち梁を入れるより強くなります。
【基礎】土台との間にパッキンを挟んで換気。換気用の孔はつくりません。

構法の合理化は工期の短縮にもつながります。

＝ 建物の性能が不安定では、
せっかくの良い間取りも台なしです

ロフトを二カ所に配置したスキップフロア

東西の方向に半階分スキップした「2.5階建て」の住宅です。2層目の北側と3層目の南側にそれぞれロフトを設けた変則的な間取りとしました。バルコニー越しの光がハイサイドライトから落ち、2階のリビングやダイニングを明るさで満たします。ダイニングには部分的に1.5層分の高さをもつ吹抜けがあります。開放感あふれる室内空間です。

A-A 断面図

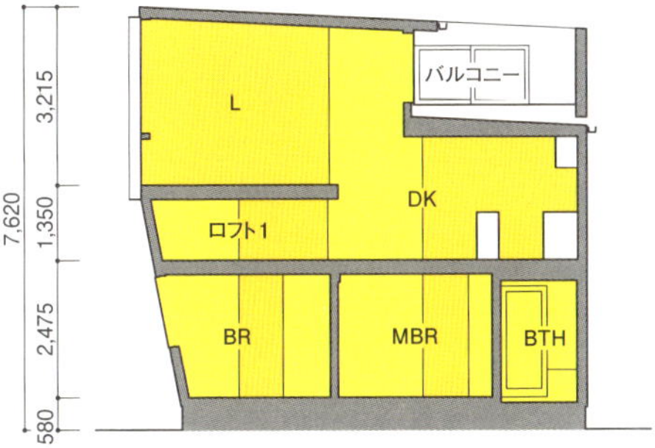

2階平面図

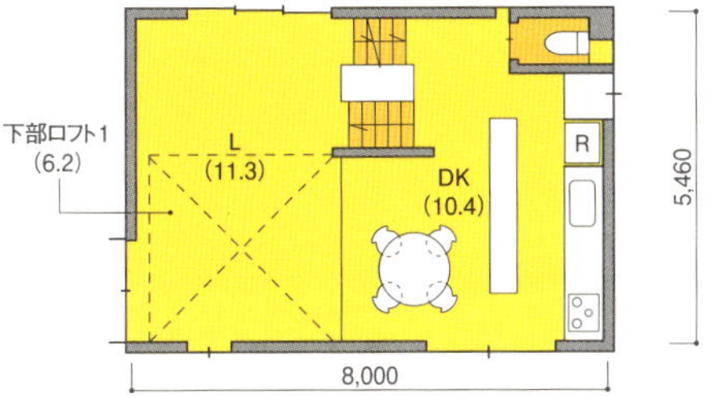

ロフト平面図

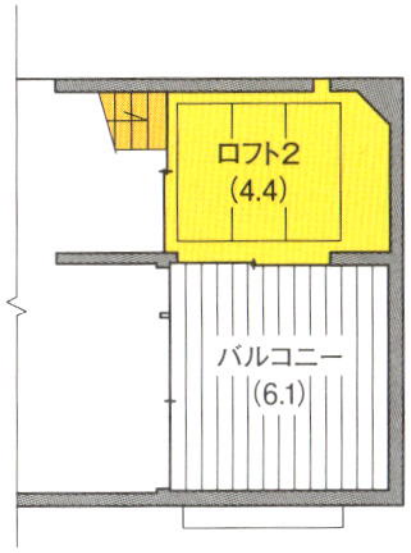

1階平面図

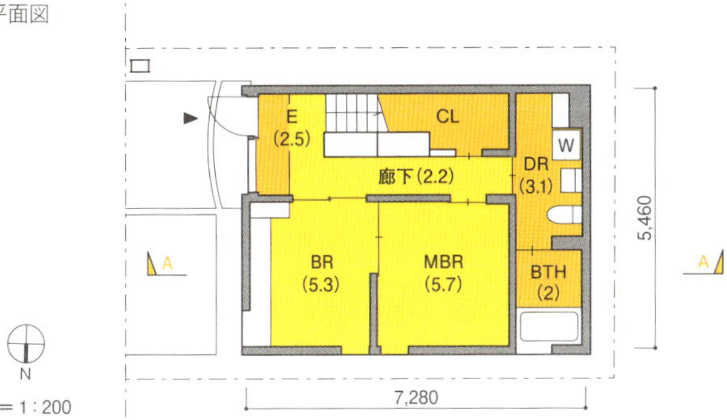

S＝1：200

(　)内は畳に換算したときの畳数

浦和S邸

所在地／埼玉県さいたま市(準防火地域)　家族構成／夫婦＋子供1人

規模／木造2階建て　敷地面積／73.01㎡(22.1坪)

建築面積／43.68㎡(13.2坪)　延床面積／102.42㎡(31坪)

実際の間取り

6

センターをつらぬく吹抜けで、照明いらずの明るさに

周りを住宅で囲まれた旗竿敷地に建つ住宅です。「1階のダイニングを明るく」という要望に応えてハイサイドライトからの光を、大きな吹抜けを介して1階まで落としました。日中は照明がいらないほどの明るさです。吹抜けの周りにはブース型の小部屋（たまり）があります。これが適度に入り組んだ「街路」のような雰囲気をつくり出し、動線を愉しくしてくれています。

A-A 断面図

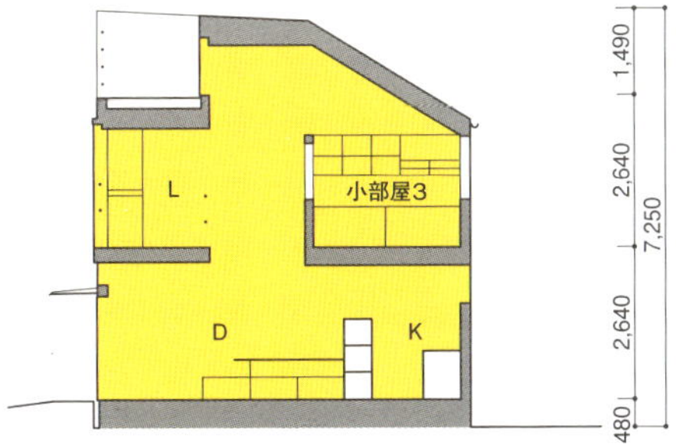

2階平面図

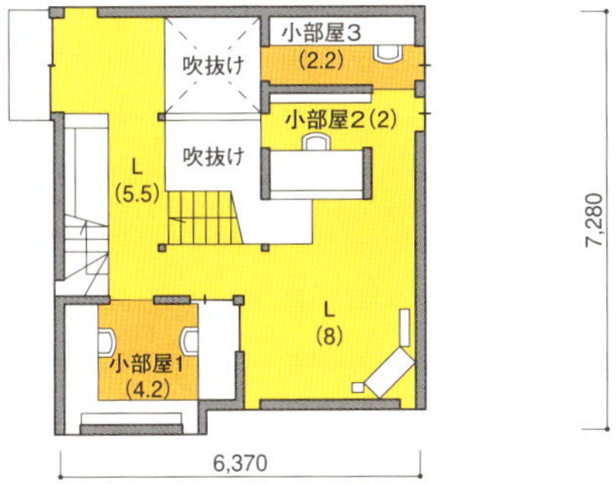

1階平面図

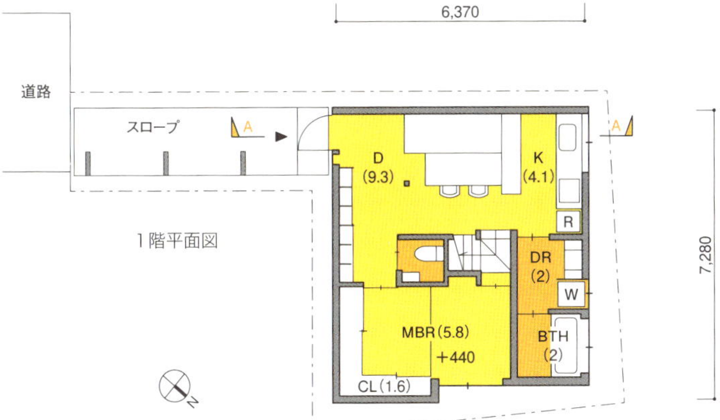

S＝1：200

(　)内は畳に換算したときの畳数

杉並B邸

所在地／東京都杉並区(準防火地域)　家族構成／夫婦

規模／木造2階建て　敷地面積／80㎡(24.2坪)

建築面積／44.55㎡(13.5坪) 延床面積／86.19㎡(26.1坪)

あとがき

いま私は、法政大学デザイン工学部で木造住宅の設計について教えています。

大学の建築学科で扱う「住宅」の課題は、どういうわけか発想の奇抜さばかりに主眼が置かれ、実務的な作業といえば簡単な図面を描いたり、模型をつくったりする程度にとどまるのが実状です。しかし、「建築構法スタジオ」と銘打たれたその講義は、「明日にも実現できる現実的な住宅の設計」がカリキュラムの主軸です。

木造建築の専門家である網野禎昭教授以下、私も含め木造住宅の実務に通じた講師陣の指導を受けながら、学生たちは、構造体に流れる力を自分で検討し、部材の寸法、架《か》構《こう》の組み方を決め、断熱や通気にも配慮した設計を行っていきます。図面は矩計《かなばかり》図、部分詳細図のみならず、伏図《ふせず》や軸組図《じくぐみず》といった構造図まで、実務レベルで取り扱う図面を一式描かされます。大学生（2年生）にとっては地獄のような実習かもしれません。

カリキュラム最初の関門が、間取りづくりです。学生たちにとっては最も身近な分野のはずですが、意外や意外、ここで行き詰まる人が毎年のように続出します。ある段階まで進むと、部屋と部屋を廊下でつないだだけのマンションのような間取りから一歩も抜け出せなくなるのです。彼らの問題意識は、せいぜい部屋の使い勝手と収納程度。暮らしが愉しくなる間取り、住み心地のよい間取りをつくろうとは夢にも思っていません。

そんな学生たちに、「機能的な問題を解決するより、気持ちのよい空間をつくることを先に考えたら？」とアドバイスすると、硬直していた案にさっと血が通い始めます。そして、本書で取り上げたような〝手がかり〞を与えると、動き始めたアイデアが一気に加速し、ほどなく革新的なブレイクスルーを迎えます。

同じような現象は、住宅設計の打ち合わせの席でもたびたび経験します。

キッチンの使い勝手や収納スペースの大きさといった機能面の要望がすべて出尽くし、クライアントの興味が空間の心地よさや日々の暮らしの彩りへと移り始めると、それまでの間取りが急速にかたちを変え、さまざまなアイデアが盛り込まれた有機的な姿に変貌していくのです。クライアントの中で何かがパチッと弾け、住まいの本質に目を凝らそうと意識が変わるのでしょう。家づくりはこの瞬間から本番が始まるのだろうと、私は常々思っています。

本書のテーマは「間取り」でした。しかし、「住宅」あるいは「建築」全般についてのアプローチも基本的には同じです。敷地周辺の環境に配慮した建物配置、必然性のある建物や屋根のかたち、明快でムダのない動線やゾーニング、空間に広がりを生む視線の抜け、外部とつながる中間領域、人々が自然と集まるたまり、高さのメリハリや光の導き方……これらは皆、小さな住宅から大きな公共施設に至るまで、すべてに当てはまる普遍的な設計のセオリーです。本書の「方程式」が、一つでも多くの建築物に魅力をもたらす〝手がかり〟となってくれれば、著者としてこれ以上の喜びはありません。

本書の企画は、『住まいの解剖図鑑』『エアコンのいらない家』など、私も一読者として興味深く拝読した書籍の編集者、藤山和久氏の発案で始まりました。以来、今日まで一年半の間には、「これでは読者に伝わらないかな？」と、苦労して書いた原稿を次から次へとボツにされ、この本は本当に世に出るのだろうかと不安になった夜もありました。でも終わってみれば、誰が読んでも内容がすっと入ってくる、とても明快な一冊に仕上がったと思います。こだわりと粘りの編集をしていただいた藤山氏に感謝いたします。また、文章・イラスト・写真が複雑に組み合わさったページを美しくデザインしてくれた寄藤文平氏、思わずニヤッとさせられる愉しいイラストを描いてくれた鴨井猛氏、図面やイラストの下絵づくりだけでなく、いくつかのイラスト描きにも協力してくれたスタッフの岨野千代子氏、そしてなにより、本書のためにご自宅の写真を撮影してくださるなど忙しい合間を縫って協力してくださったクライアントの皆様に、この場を借りてお礼を申し上げたいと思います。ありがとうございました。

２０１４年11月

飯塚　豊

間取りの方程式
心地よい住まいを組み立てる技術

2014年11月19日　初版 第 1 刷発行
2021年 4 月 8 日　　　　第 8 刷発行

［著　者］ 飯塚 豊

［発行者］ 澤井聖一
［発行所］ 株式会社エクスナレッジ
〒106-0032 東京都港区六本木7-2-26
https://www.xknowledge.co.jp/
［問合せ先］
販売 Tel 03-3403-1321／Fax 03-3403-1829
編集 Tel 03-3403-1381／Fax 03-3403-1345
info@xknowledge.co.jp